中国公民科学素质提升行动丛书

中学生
科学素质提升行动

融媒体版

《中国公民科学素质提升行动丛书》编写组 编

科学普及出版社
·北 京·

丛书指导委员会

（按姓氏笔画排序）

孔　源　关　明　孙　哲　李　淼

李伯虎　杨起全　吴孔明　吴伟仁

何　丽　何　群　张步仁　林　群

罗会仟　姜文良　宫晨光　胥和平

秦大河　袁江洋　高登义　唐　芹

盛明富　雷家骕　翟杰全

丛书编写组

（按姓氏笔画排序）

前言

习近平总书记指出："科技创新、科学普及是实现创新发展的两翼，要把科学普及放在与科技创新同等重要的位置。没有全民科学素质普遍提高，就难以建立起宏大的高素质创新大军，难以实现科技成果快速转化。"

《中国公民科学素质系列读本》（以下简称《素质读本》）是中国科协为推动全民科学素质行动在"十三五"期间的有效开展而立项的大型出版项目。《素质读本》于2015年9月出版，后于2016年10月升级为融媒体版。

2021年启动的第3版修订工作，对标《全民科学素质行动规划纲要（2021—2035年）》（以下简称《新纲要》），重点围绕践行社会主义核心价值观，大力弘扬科学精神，培育理性思维，养成文明、健康、绿色、环保的科学生活方式，提高劳动、生产、创新创造的技能等专题进行内容修订。根据《新纲要》界定的五大人群，本次修订后的《素质读本》更名为《中国公民科学素质提升行动丛书》，包括《小学生科学素质提升行动》《中学生科学素质提升行动》《农民科学素质提升行动》《产业工人科学素质提升行动》《老年人科学素质提升行动》《领导干部和公务员科学素质提升行动》。

《素质读本》自问世以来，取得了社会效益、经济效益双丰收：图书获多项省部级出版物奖，衍生产品《公民科学素质动漫微视频》获第五届中国出版政府奖音像电子网络出版物奖提名奖；图书累计发行逾130万册，视频全网播放量逾10亿次。希望本次修订的版本，能够继续成为我国公民科学素质提升行动的重要工作抓手之一，为我国科学素质建设发挥积极作用！

《中国公民科学素质提升行动丛书》编写组

2023年5月

目录 CONTENTS

生命与健康

地球与环境

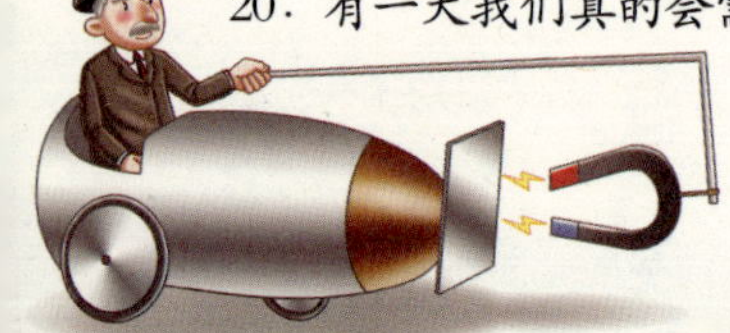

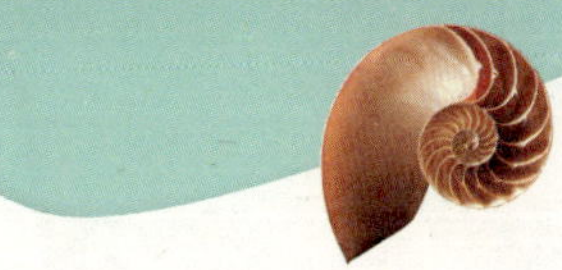

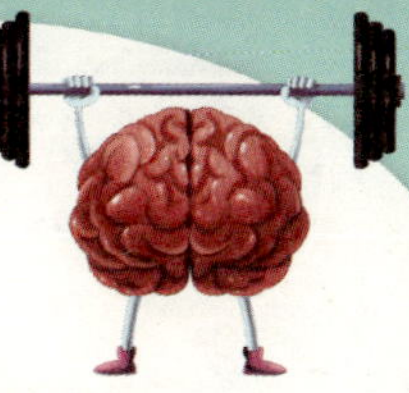

数学与信息

物质与能量

工程与技术

科技与社会

全民科学素质学习大纲结构导图

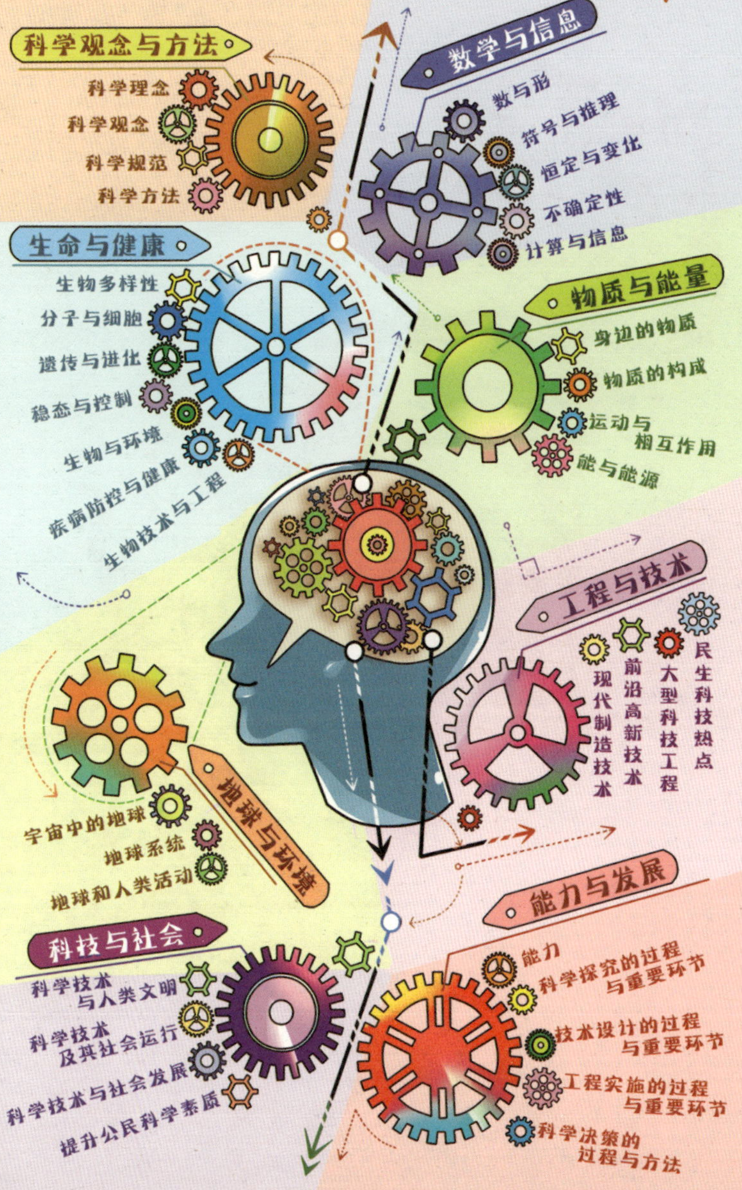

生命与健康

1 人与恐龙生活在同一时代会怎样

火爆全球的《侏罗纪公园》系列电影，为我们展现了人与恐龙共存的场景。在未来，人类真的能够运用技术手段使恐龙复活吗？如果恐龙得以复活，与人类共同生活在地球上，那将会是怎样的一幅景象呢？

对于人类来说，和恐龙生活在一起可能并不是什么好消息：森林可能很快被植食恐龙消耗殆尽；食肉性恐龙与老虎、狮子争抢食物，并把圈养牲畜当作猎物；小型恐龙会闯入城市、乡村，给居民带来困扰。不过，恐龙也不会欢迎人类，因为人类建立的城市和农场侵占了植食性恐龙的生存环境，以植食性恐龙为猎物的肉食性恐龙也会随之式微。

其实，如果恐龙一直没有灭绝，人类能不能出现还是未知。现在地球上的生物，都是由古代的生物进化来的。科学家根据亲缘关系的远近，用生物“进化树”形象而简明地表示了生物进化的主要历程。恐龙生活在大约 2 亿 3500 万年至 6500 万年前的中生代，在 6500 万年前很短的一段时间内突然灭绝了，但是恐龙的后代——鸟类存活了下来，并繁衍至今。中生代的其他爬行动物逐渐分化和发展成今天的龟类、鳄类、蛇类和蜥蜴类，甚至进化成哺乳动物。而地球的新霸主——人类，也在自然的漫

挑战大脑

1. 人类是从较早期的动物进化来的吗？
2. 最早期的人类和恐龙生活在同一个年代吗？

长演化过程中出现了，从而创造了地球上的文明。

曾经作为地球霸主的恐龙，最终以全族灭绝为大自然的进化让了路，从而为地球上丰富多样的物种创造了可能。而今天，同样作为地球“主宰者”的人类，也与恐龙一样，不可能凌驾于自然规律之上。生物进化是一刻不停的，今天的人类和早期的直立人、尼安德特人等已有了巨大差异，而在遥远的未来，自然界会进化出什么样的生物还是个谜。无论如何，今天的人类都应保持对自然的谦卑、敬畏之心，因为我们也不过是地球生物中的一员，是时间长河里的一粒尘埃。

2 谁能想象微生物的世界竟如此美丽

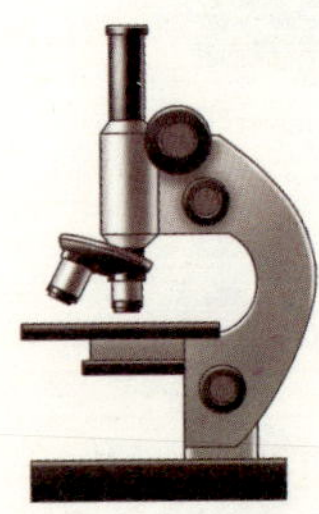

提到细菌、病毒等微生物，人们往往会感到厌恶和惧怕。那么，病毒和细菌是什么？它们长什么样子呢？其实，肉眼是看不见细菌的，因为这种原始单细胞生物实在太小啦，小到不到 1 微米（0.5 ~ 1 微米）。病毒比细菌还要小，只有几十到几百纳米大小，它们没有完整的细胞结构，由内部的遗传物质和外部蛋白质外壳组成。

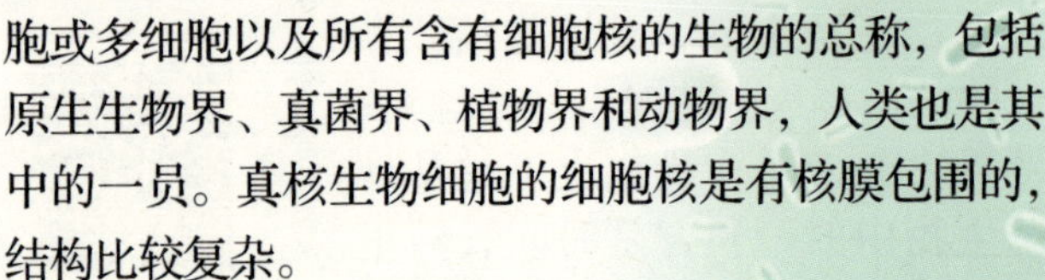

地球上已知的生物大约有 200 多万种，包括动物、植物和微生物。这些多彩的生命构成了生物的多样性。自然界中的生物主要分为原核生物和真核生物两大类，细菌属于原核生物，是原始的生命类型，它的细胞核没有核膜包围，所以结构简单。真核生物是所有单细胞或多细胞以及所有含有细胞核的生物的总称，包括原生生物界、真菌界、植物界和动物界，人类也是其中的一员。真核生物细胞的细胞核是有核膜包围的，结构比较复杂。

挑战大脑

1. 抗生素能杀死病毒吗？
2. 乙肝病毒会通过空气传播吗？

作为原核生物代表的细菌和病毒在电子显微镜下呈现出美丽的风采，以至于让人很难把它们同威胁人类健康的“罪魁祸首”联系起来。鼠伤寒沙门氏菌，能引起各种家禽和哺乳动物的传染病，是引起急性胃肠炎的主要病原菌之一。噬菌体是感染细菌、真菌、放线菌或螺旋体等微生物的病毒的总称，它有时有益，有时有害，有益是因为它会“吃”掉人体内的某些病菌，能够起到治病的效果，有害是因为它可能会“吃”掉一些有益菌而对人体造成很大的伤害。

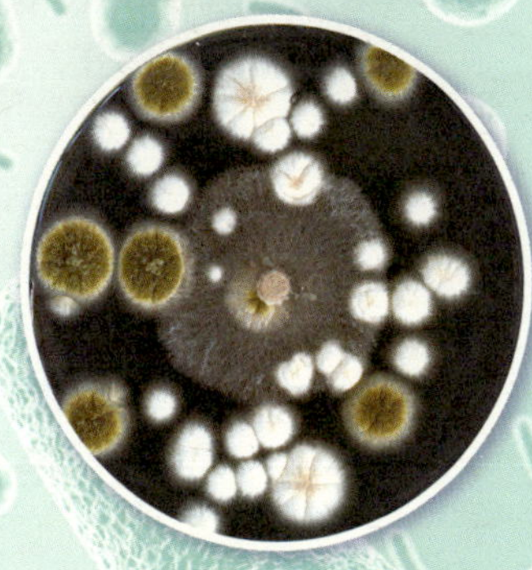

3 我们和它们听到的世界一样吗

人们进入梦乡，汽车的喧嚣已经平息，就连鸣蝉也停止了歌唱，但在这看似静谧的夜空里，却穿梭着许多“暗夜精灵”。它们灵敏地扑飞、躲闪、冲击，像是演出一场静默的武打大片——不，这夏夜其实热闹极了，只不过人类听不到罢了。

这是因为那些夜空里的声响，超过了人耳接收的能力范围。声音是靠空气振动传播的，振动的频率以“赫兹”为单位，频率越高，音调就越高，反之亦然。由于听觉器官构造各不相同，每种生物能听到的振动频率都是不一样的。比如猫和狗对于低频声音就比人类敏感得多，所以才会辨认出主人的脚步声。而作为“暗夜精灵之王”，蝙蝠已进化出一套超级灵敏的听觉系统。它们可以接听的声波频率在 1000 ~ 120000 赫兹，上限远超过人类的听力范围。

不同生物的听觉频率范围

人：20 ~ 20000 赫兹

狗：15 ~ 50000 赫兹

蝙蝠：1000 ~ 120000 赫兹

大象：1 ~ 20000 赫兹

毫不夸张地说，在自然界中，人类的听觉只能排在倒数的位置，但依靠智慧，我们向动物学习了不少“听”的本领。

有些动物自己发出声波，然后根据反射的声波来判定前方是否有障碍物。如果前方有障碍物，还可以判断它的距离、形状及大小。声波在水中的衰减非常小，而低频声波甚至可以穿透地层检测地下结构。人类根据动物利用声波测距的原理开发出水下探测器——声呐。这种模拟生物开发应用的手段叫作**仿生学**。

根据仿生学的原理，许多生物都成了人类的老师。比如，翠鸟的喙外形像刀子一样，从水面穿过时几乎不产生涟漪。日本新干线列车车头就是仿照翠鸟喙的形状设计的，速度快、能效高。仿照鸟巢的形状设计的中国国家体育场——鸟巢，不仅为2008年北京奥运会树立了一座标志性的建筑，而且在世界建筑史上也具有开创性意义。根据驼背鲸鳍状肢上的结节效应，生产设计出的边缘有隆起的风机叶片与机翼，令其空气动力学效率比标准设计提升20%左右。

神奇的大自然还有许多奥秘等着我们去探索去发现，而以自然为师的态度，就是我们博采众家之长的智慧。

4 是药就有三分毒吗

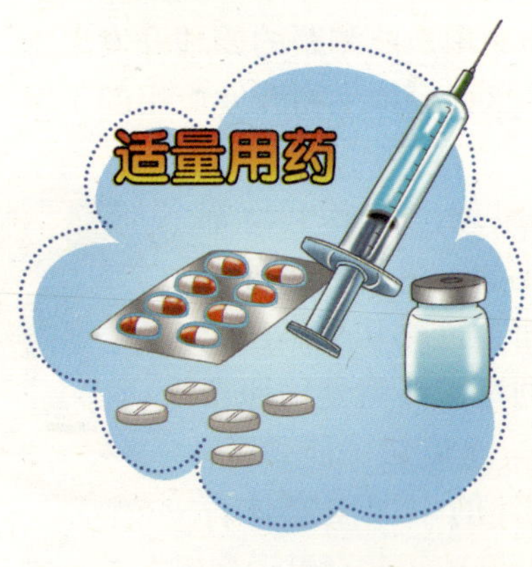

“是药三分毒”是中医学里的一句话，很好地体现了中医辨证施治的思想。任何一种药物，都不可能包治百病，也不可能绝对没有副作用。西药也不例外，在生活中人们最容易吃错的西药，莫过于抗生素了。

抗生素是一种能干扰其他活细胞发育功能的化学物质，它的主要功能是杀菌或抑菌。但是，抗生素并不能杀灭所有对人体有害的物质，比如病毒。也就是说，如果是患病毒性感冒，那么服用抗生素是不会有效果的。而且，随意服用抗生素还可能破坏人体内的正常菌群，反而会损害人的健康。

此外，细菌的耐药能力也是被抗生素“锻炼”出来的。在不必要的时候滥用抗生素，就相当于给了细菌一次次的“预警”和“演习”。细菌经过多次“演习”后，会产生强大的耐药性，成为“超级细菌”，此时绝大部分抗生素也就失去了效果，如果找不到新的或更高级的抗生素对抗它，人类在面临感染时很可能处于无药可用的境地。

另一种容易用错的药，就是安眠药——精神类药物。这类药物如果在浓度、剂量上把握不好，就很容易超过正常医疗的范畴，使人的神经系统产生依赖性，久而久之，就会形成药物依赖。

当我们觉得身体不适时，要尽快就医。服药要遵医嘱，切勿随意加大或减少药量，更不能滥用药品。对于那些精神类药物乃至毒品，更要敬而远之。鸦片、海洛因、冰毒等毒品对人的中枢神经有着极大的刺激作用，一旦踏入它们的魔圈，便难以摆脱身体和精神的双重依赖，轻者受病痛折磨，重者家破人亡。所以，我们一定要在毒品和自己之间划下一道决不能逾越的界限，否则一旦越过便是万劫不复！

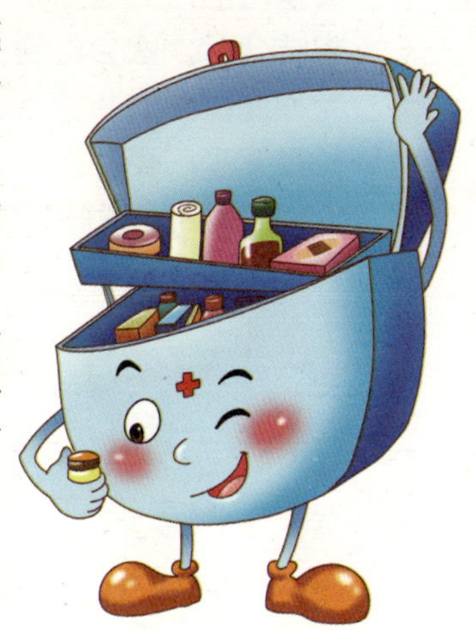

5 为什么说每个人都是独一无二的

这并不是个哲学命题，而是生物遗传学中的“铁律”，因为我们之所以成为现在的模样，是由**基因**决定的。

基因极其微小，在身体中，它无处不在，决定着人体的成长状况。它使你就是你，我就是我，不会使我们和别人混淆——即便是双胞胎之间也有着细微的差别。

我们每个人都是如此：一半的基因来自父亲，另一半来自母亲。母亲的基因通过卵细胞实现遗传，父亲的基因通过精细胞实现遗传。当卵细胞和精细胞结合时，就会得到一个改组过的组合基因。正因为如此，我们和爸爸、妈妈都有相像之处，而那些长得几乎一模一样的多胞胎，则是由同一个卵细胞发育而成的，因此基因相似度更高。

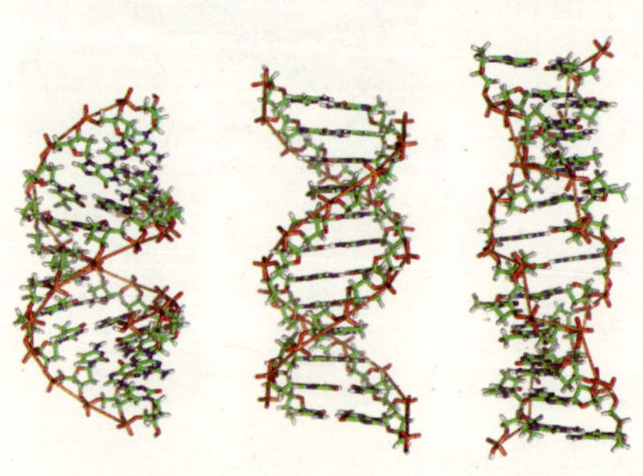

不同螺旋结构的DNA双链分子

基因传递给下一代，依靠的是它的载体——脱氧核糖核酸（DNA）。**DNA是生物的遗传物质，存在于一切细胞中。**

核酸由核苷酸苷酸聚合而成。每

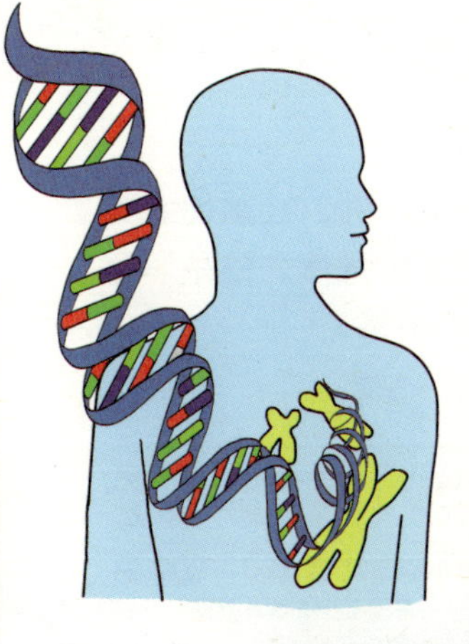

个核苷酸又由磷酸、核糖和碱基构成。碱基分为五种：腺嘌呤、鸟嘌呤、胞嘧啶、胸腺嘧啶和尿嘧啶。每个核苷酸只含有五种碱基中的一种。每三个碱基组成一个遗传密码，而一个 DNA 上的碱基多达几百万，所以每个 DNA 都是一个超级复杂的遗传密码本，藏着数不清的遗传信息。

每个人的 DNA 都是独一无二的，没有两个人拥有完全一致的 DNA——即便是同卵多胞胎。我们各不相同，各有特色，所以世界才如此丰富多彩。

在一定的条件下，基因可以由原来的存在形式突然发生改变，即突然出现了一个新基因，代替了原有基因，于是后代就会表现出先代从未有过的新性状。这就是基因变异。

挑战大脑

1. 孩子的性别是由父亲的基因决定的吗？
2. 植物开什么颜色的花也是由基因决定的吗？

6 你的膳食宝塔牢固吗

要想使积木搭建的城堡足够稳固，必须使它具备合理的结构。同样的道理，要想身体“堡垒”坚不可摧，也需要搭建合理的膳食宝塔。

盐 <5 克
油 25 ~ 30 克

奶及奶制品 300 ~ 500 克
大豆及坚果类 25 ~ 35 克

动物性食物 120 ~ 200 克
——每周至少 2 次水产品
——每天 1 个鸡蛋

蔬菜类 300 ~ 500 克
水果类 200 ~ 350 克

谷类 200 ~ 300 克
——全谷物和杂豆 50 ~ 150 克
薯类 50 ~ 100 克
水 1500 ~ 1700 毫升

中国居民平衡膳食宝塔图

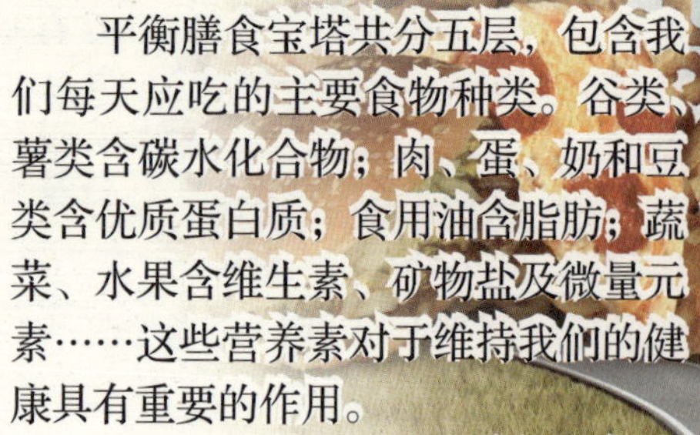

平衡膳食宝塔共分五层，包含我们每天应吃的主要食物种类。谷类、薯类含碳水化合物；肉、蛋、奶和豆类含优质蛋白质；食用油含脂肪；蔬菜、水果含维生素、矿物盐及微量元素……这些营养素对于维持我们的健康具有重要的作用。

青少年时期是一个人体格和智力发育的关键时期，营养不良或营养过剩都不利于健康成长。因此，青少年应参照平衡膳食宝塔，科学饮食，健康生活。

1. 三餐合理，吃好早餐

三餐的比例要适宜，早餐提供的能量应占全天总能量的25%～30%，午餐应占30%～40%，晚餐应占30%～40%。早餐是一天中能量和营养素的重要来源。不吃早餐或早餐营养不充足，不仅会影响学习成绩和体能，还会影响消化系统的功能，不利于健康。

2. 不盲目节食

过度节食会导致机体电解质平衡紊乱，使人出现焦虑不安、抑郁、失眠、强迫性思维等精神症状，严重的会导致死亡。

3. 远离高脂、高糖、高盐食品

薯条、饼干、某些碳酸饮料等零食往往高盐、高糖、高能量，甚至含有致癌物，不仅不能为我们提供所需的营养，还会影响某些营养物质的吸收，增大代谢负担，甚至引发疾病。

4. 食用学生营养餐

学生营养餐是以保证学生生长发育和健康为目的的配餐，根据平衡膳食的要求，在严格的卫生消毒条件下制作，既符合营养标准，又兼顾色、香、味。

7 网络和电子产品让我们更孤独吗

网络和电子技术的飞速发展改变了我们的生活方式，手机、平板电脑等电子产品早就司空见惯，在学习之余成为我们不可或缺的工具。除了打电话、发短信，大家还会用手机来看小说、玩游戏、参与网络社交。渐渐地，屏幕上闪动的头像取代了面对面的交流，即时更新的信息编织了一张无形的网，好像几分钟不刷微博、看微信，就觉得浑身不对劲，更有人戏称“Wi-Fi 是人类进步的阶梯”。

然而，正是这张看似便利、热闹的网，困住了我们原本自由舒展的思维。想想看，上

一次仔细聆听夏日蝉鸣是什么时候？上一次和好友在操场散步谈心又是什么时候？当我们所拥有的只是那冰冷坚硬的屏幕时，又怎么可能不被深深的孤独感包围呢？不要忘了，手机和电脑的功能再全面，信息再丰富，也只是我们的工具，不是我们的主人。我们真正需要的朋友，是和我们自己一样会想象、能表达、有自由心灵的人。

互联网带给我们的便利无可厚非，我们甚至应该感谢它刷新了一个与众不同的时代，但真正生活在此刻、创造着未来的，是人，是你是我。

8 如何利用遗忘曲线来改善记忆

江苏卫视《最强大脑》的挑战者吴天胜可以在90分钟内记住120个人的指纹，其超强的记忆力令人叹为观止。根据媒体报道，他是经过训练才拥有了“过目不忘”的能力的。

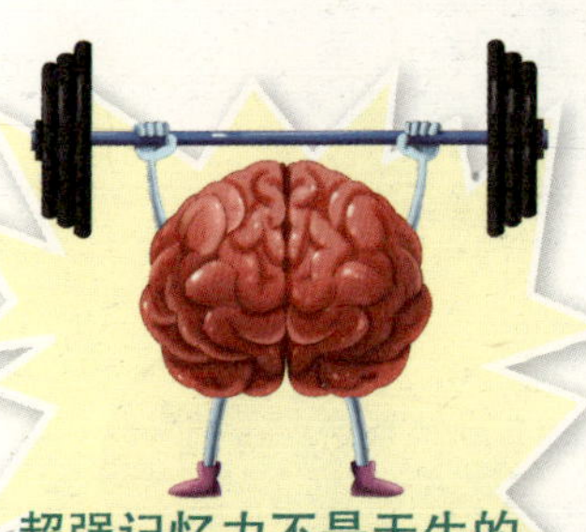

记忆像一把钥匙，为我们打开未来世界的大门。记忆力的强弱，直接关系到我们对知识与经验的积累能力的高低，同时还决定了我们认识事物的深度和广度。像吴天胜那样的超强记忆力，是后天训练所得，可见记忆有其规律和改善的技巧。

德国著名心理学家艾宾浩斯曾做过一系列实验：用无意义的音节做记忆材料，用节省法统计一段时间内“记住”和“遗忘”材料的数量。根据统计的结果，艾宾浩斯描绘出了显示遗忘进程的曲线，即著名的**艾宾浩斯遗忘曲线**。它对人类的记忆进行了系统的、数学模型的图像化呈现，也使对记忆的研究成为心理学中的热门领域。

艾宾浩斯遗忘曲线表明，人类大脑对新事物遗忘得很快，遗忘的速度先快后慢。在接收新信息20分钟后，我们几乎失去了1/3的最初信息，24小时后，我们会忘记余下信息的2/3。之后，每天遗忘信息的量会逐渐递减，最后剩下的信息就是我们最终记住的。

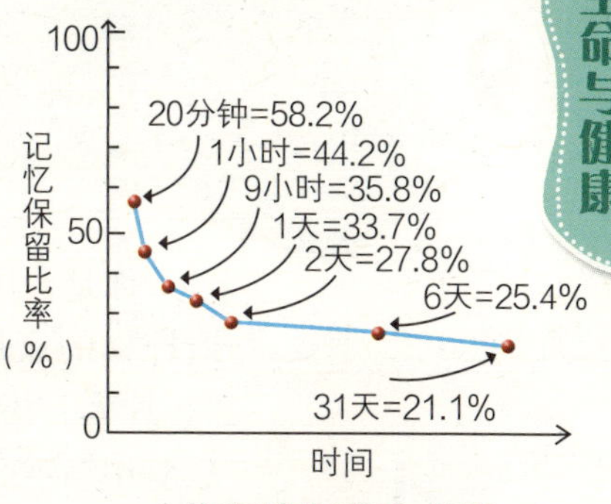

艾宾浩斯遗忘曲线

艾宾浩斯遗忘曲线所显示的记忆规律是普遍存在的，如果我们了解它，就可以利用它来实现比较高效的记忆。比如刚刚学习新知识后，要马上复习，趁热打铁，而复习也要反复多次，持续一段时间，这样既能防止“忘得快”，又能实现“记得牢”。

尽管如此，艾宾浩斯遗忘曲线并不是帮助我们成为“记忆达人”的唯一依据。要提升记忆力，有效率地学习，需要我们在个人经验的基础上不断尝试，寻找最适合自己的记忆和学习方法，为未来的社会生活练就强有力的基本功。

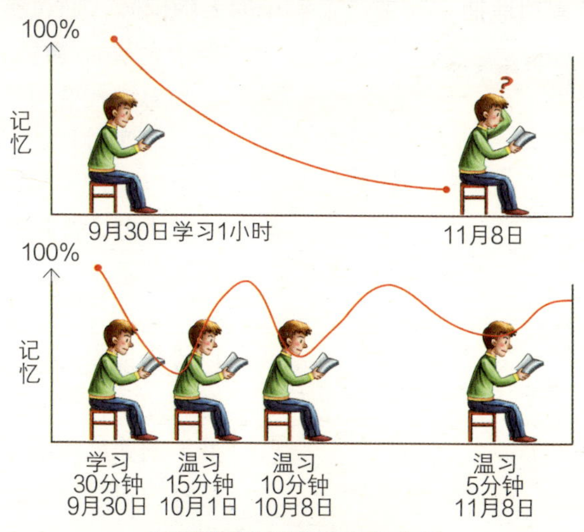

心理学家绘制的遗忘曲线

9 人脑也能装芯片吗

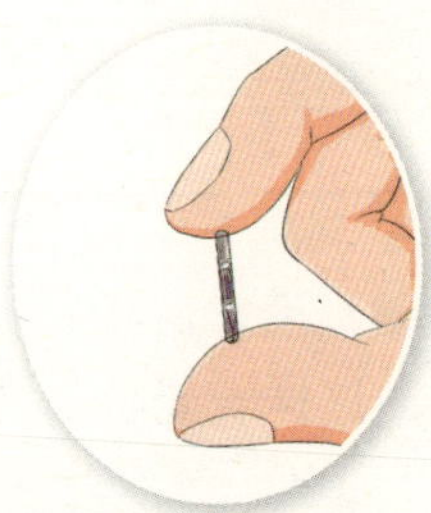
用于植入人体的微型芯片

你是否愿意在大脑里植入芯片，遥控你的家用电器，或者让另一个“芯片人”接收你的思想？清晨，你从梦中醒来，不用寻找遥控器，只需对电视挥挥手，电视就会自动打开，找到你要看的频道；大脑神经受损后，也不用再苦恼没有办法存储记忆，植入大脑的电子芯片就可以代替受损的神经。

大脑是人的神经中枢，现代科学研究已经发现，人脑工作时会产生脑电波，这些脑电波可以用电子扫描仪检测出来。在浙江大学的实验室里，研究人员成功地捕获和破译了猴子的大脑信号，通过植入猴子大脑的芯片将猴子的思维转变为机械手臂的实时移动，猴子可以通过大脑控制机械手臂，抓取饮料作为奖励。

知识链接

第一个“芯片人”是英国雷丁大学的凯文·沃威克教授。1998年，他把一个硅片脉冲转发器植入了自己的左臂。2002年，他又将一个3毫米宽的方形芯片植入了自己的左腕，用100个电极将自己的神经系统通过芯片与计算机相连。

芯片植入猴脑已成为现实，植入人脑是否可行？劳伦斯·利弗摩尔国家实验室的科学家就致力

浙江大学实验室猴子操控机械手臂

于研发可以植入人类大脑的芯片，以期帮助那些神经细胞受损的人们存储记忆。

随着技术的进步，相信总有一天，人类可以通过将芯片植入大脑来实现一些复杂的功能，如通过大脑思维直接遥控电器，甚至接入网络，浏览信息。这些科幻电影里的情节在未来将出现在我们的日常生活中。

拓展

脑科学涵盖广泛，内容涉及意识理论、数学建模、动物实验、计算机模拟等，是多学科交汇的领域，因此对于脑科学的研究，需要医学家、物理学家、统计学家、数学家等的共同努力。

10 “灵魂出窍”是怎么回事

如果一个疯疯癫癫的人告诉你他“见鬼了”，你可能会不以为然，那么一位精神正常的人非常认真地告诉你他“见鬼了”，你会不会也半信半疑呢？

早在2007年8月，《科学》杂志就发表了关于人类自我幻觉的研究论文，并用科学的方法证明了这些所谓的“灵异事件”并非超自然现象或特异功能。

《科学》杂志介绍了瑞典卡罗林斯卡研究所的认知神经学教授亨利克·埃尔逊和其研究小组发明的一种“能看到自己后背的眼罩”。研究人员在志愿者的背后2米处架设了2个摄像头，摄像头通过数据线与眼罩相连，当志愿者戴上眼罩后，就能通过眼罩中的微型显示器看到自己的后背，这就形成了视觉错位。

然后，一位研究人员站在摄像头视野外，两手各拿一根塑料棒，用其中一个塑料棒去戳志愿者的胸口（不让志愿者看到），用另一根塑料棒同步或者不同步地在摄像头前做戳动的动作，这便产生了触觉错位。

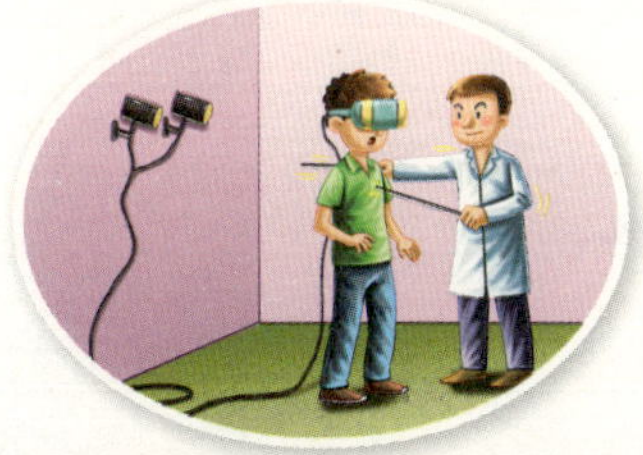

视觉和触觉的错位使志愿者产生了奇异的体验，他们的大脑在解释感官信息时无法判断哪个感觉是属于自我的、真实的，好像有另一个“我”在看着、感受着自己。这样就模拟出了灵魂出窍的现象。

科学家为什么要研究灵魂出窍现象呢？其实，神经再生和修复技术、人工智能还有虚拟现实，都是灵魂出窍现象在我们生活中的应用。也就是说，大脑所接收的感官信息和其他信息一样，都是外界信息，是客观的，关键在于我们的大脑会如何处理和运用它们。这是灵魂出窍现象的原因，也是科学家正在努力研究的重点。

知识链接

自我幻觉的类型

自视性幻觉、出体经验、离体自窥症，这三种自我幻觉都和大脑的自我认知和感官错位相关。

地球与环境

11 宇宙起源于一次爆炸吗

宇宙变化的历史如何？它是否有一个起点和终点？它是如何演化成我们现在所观察到的这种形态的？人类对于这些问题的幻想和探索经历了漫长的时间。

广义相对论预言，宇宙中可能存在某些时空奇点，比如黑洞。像太阳这样的恒星，在燃料用尽之后，会发生引力塌缩而成为任何事物（包括光线）都无法逃离的黑洞。1929年，天文学家哈勃观测到的哈勃红移现象与爱因斯坦广义相对论的预言相符合，都表明宇宙是不断膨胀的。

世界著名物理学家霍金，不仅在经典物理的框架里证明了黑洞和大爆炸奇点的不可避免性，还考察了黑洞附近的量子效应，发现黑洞因辐射而越变越小，温度却越变越高，最后以爆炸而告终，而且

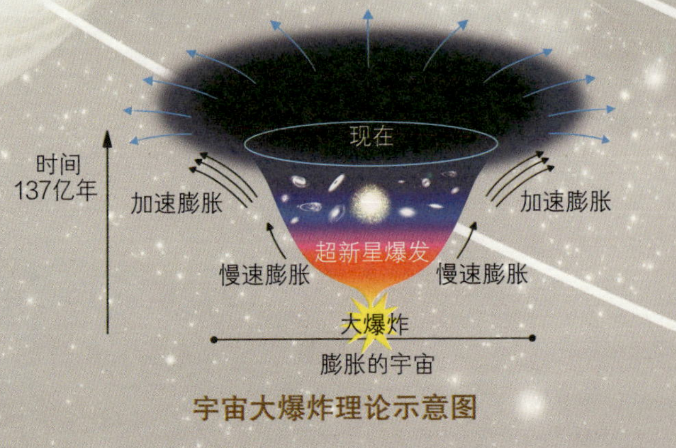

宇宙大爆炸理论示意图

整个宇宙正是起始于此。即宇宙起源于大约137亿年之前的一次大爆炸，大爆炸是时空中最原始的奇点。那时，所有质量都集中在一个几何尺寸很小的时空中，我们现在所感受到的时间和空间结构，就是从这个奇点爆炸而产生的。宇宙起源于大爆炸的学说还有待完善，但它已经能够对许多天文现象做出合理的解释，因而被物理学家、天文学家普遍接受。

随着科技的发展，天文观测的不断完善和更新，给我们提供了更精确的宇宙图景。1997年，天文观测证实了宇宙不仅在膨胀，而且在加速膨胀。此外，宇宙物质构成的成分比例也很令人吃惊，在构成宇宙的物质中，我们可以看得见摸得着的普通物质，只占很小一部分（约4.6%），而其余大部分是**暗物质**和**暗能量**。如今，科学家已经有了许多有关暗物质和暗能量存在的证据，但对它们的具体性质却仍然知之甚少。

知识链接

暗物质

暗物质是不发光、不发出电磁波的粒子，具有显著的引力效应，能够影响到星系中天体的旋转速度。

暗能量

暗能量是一种不可见的、密度很小但充满宇宙空间的能量形式，用以解释当今天文学中观察到的宇宙加速膨胀现象。

12 地球孤独吗

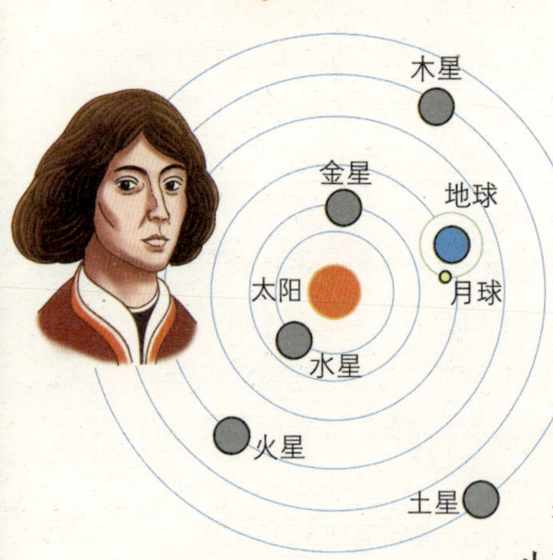

神秘的 UFO 和外星人真的存在吗？强烈的好奇心驱使人类不断地探索地球之外的世界。在遥远的古代，由于受到宗教的影响，人们始终坚信地球是宇宙的中心，即地球静止不动，太阳、月亮、行星和其他天体都围绕地球运转，也就是所谓的“地心说”。到了 16 世纪，波兰著名天文学家哥白尼在《天体运行论》一书中提出了“日心说”，认为太阳才是宇宙的中心，从而彻底推翻了“地心说”。

随着科学的不断发展，人们逐渐认识到，宇宙比我们想象的要大得多。尽管太阳的直径比地球的直径大 100 多倍，但它也只不过是银河系里上亿颗恒星中的一颗。众多与银河系相似的星系组成本星系群，然后进一步组成本超星系团……所以，

挑战大脑

地球围绕太阳转一圈的时间是多久？

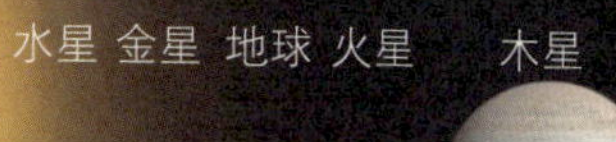

太阳和太阳系中的行星

我们的地球虽然在茫茫宇宙中仿佛一粒尘埃，却并不孤独，只不过它的“朋友们”都相隔甚远。

相对于宇宙而言，地球是渺小的，人类更是渺小的。尽管如此，人类的“飞天梦想”和“宇宙探索”从未停止。科学家在太阳系外发现了一颗地球的“姊妹星球”，它被称作“赛德纳”（Sedna），拥有和地球差不多的体积和质量。科学家认为，赛德纳上很有可能存在外星生命。看来，地球真的不孤单，它拥有山川河海，万物繁荣，人类文明，现在又找到了“姊妹”。神奇的宇宙，你还有多少秘密等待我们去发现呢？

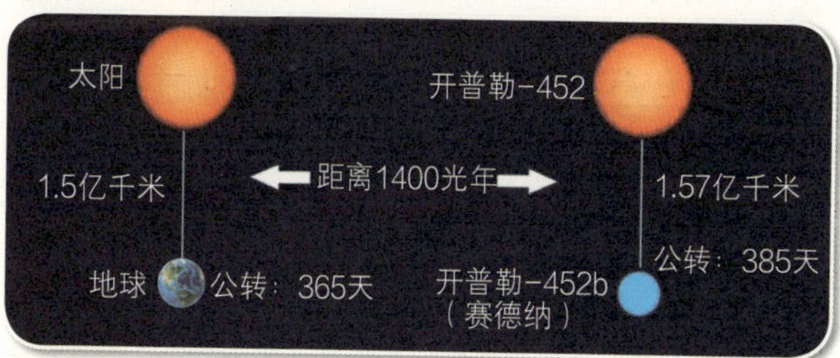

拓展

射电天文望远镜

射电天文望远镜是观测和研究来自天体的射电波的基本设备，可以测量天体射电的强度、频谱及偏振等。

13 地球其实是个“水球”吗

“啊，它是个蓝色的大水球。我们给地球起错名字了，它应该叫水球。”世界上第一个进入宇宙空间的人——苏联航天员加加林说。为什么从太空俯瞰，地球像一个蓝色大水球呢？

这是因为整个地球超过 2/3 的面积都被水覆盖。地球上的水分布在海洋、湖泊、沼泽、河流、冰川、雪山以及大气、生物体、土壤和地层之中，形成一个圈层，覆盖着地球。水面的大量水汽散射太阳光中波长较短的蓝紫色光，所以在太空中俯瞰，地球便呈现出美丽的蓝色。

虽然地球上水体的总量超过 13 亿千米^3，但只有约 3% 是淡水，且主要以冰原的形式存在，其余约 97% 的水都在海里。地球上的海洋面积为 36100 万千米^2，占地球总面积的 71%，分为四个大洋：太平洋、大西洋、印度洋、北冰洋。

大气水0.0009%
河流水0.0002%
生物水0.0001%
湖泊水0.0127%
海水96.538%
地下水1.6883%
永冻层中冰0.0216%
土壤水0.0012%
沼泽水0.0008%
冰川与永久积雪1.7362%

地球上的水

广袤的海洋被

地球是个蓝色的“水球”

誉为“蓝色的国土”，它不仅给我们提供大量的鱼、虾、贝类等海产品，还蕴藏着珍贵矿产资源，如石油、天然气、煤炭以及多种金属矿。此外，海水的运动，如潮汐、波浪、海流等，可以产生能量巨大的动能，具有极大的开发潜力。

拓展

海藻生物燃料

美国能源部的科学家用藻类为原料生产出一种绿色原油。在生产设备的高温、高压条件下，水处于介于液相和气相之间的超临界态，促进藻类中的生物质快速降解。之后经过收集和过滤处理即可得到原油及一系列副产物。

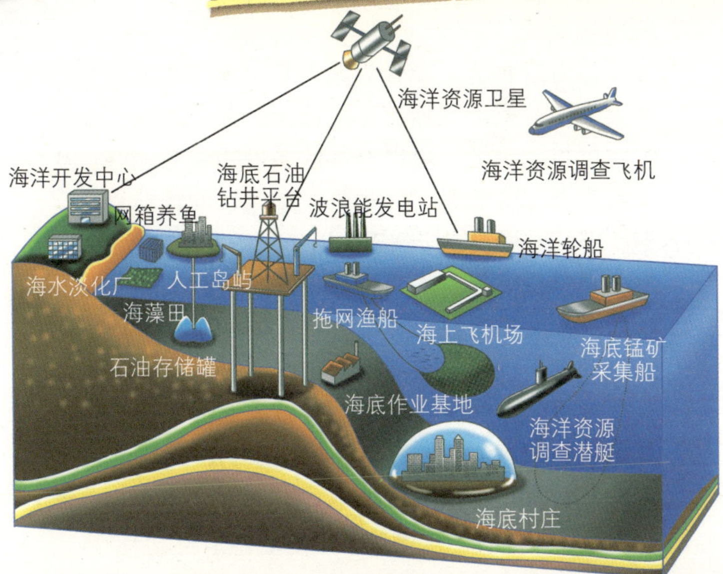

丰富的海洋资源等待人类进一步开发

14 人类能到达海洋最深处吗

地球表面积的 71% 被海洋覆盖着，也因此有一种说法，地球其实应该叫作“水球”。这虽然有些开玩笑的意味，但却把地球的特点描述得非常精准。不过，人类至今对浩渺海洋的了解依然很有限。神秘的海洋，吸引着人类不断探索。

深潜是直观的深海探索。深潜装备能够运载电子装置、机械设备以及工程技术人员、科学家等，快速精确地到达各种深海复杂环境，进行高效勘探和科学考察。

深海潜水器主要分为无人潜水器与载人潜水器两大类，各类潜水器有不同特点，分工明确：无人潜水器机动灵活，可以开展区域性的综合调查；载人潜水器的优势是，人员可在海底目的物前直接观察、直接取样、直接测绘，以便现场发现和决策。

无论是无人的水下机器人，还是载人的深海潜水器，都面临着深海环境极其严峻的挑战。地球海洋最深处，处于海平面以下 1 万多米。深海水压巨大，压力随海洋深度递增。在万米深海，深潜装备要承受每平方米 11000 吨的超大压力，这给潜水器研发带来极大困难。

近年来，我国深潜装备研发取得丰硕成果。

无人潜水器方面：2020 年 6 月 8 日，我国研发的作业型全海深自主遥控潜水器“海斗一号”，在马里亚纳海沟创造了潜深 10907 米的国内新纪录；7 月 16 日，我国研发的无人水下滑翔机“海燕-X 号”在马里亚纳海沟创造了潜深 10619 米的世界纪录。

载人潜水器方面：2012 年 6 月，我国研制的载人潜水器“蛟龙号”成功完成 7000 米级下潜，最大下潜深度达 7062 米。2017 年 10 月 3 日，国产化率达 95% 的中国第二台深海载人潜水器“深海勇士号”在南海海试成功。2020 年 11 月，全海深载人潜水

“海斗一号”

“蛟龙号”

“深海勇士号”

“奋斗者号”

器“奋斗者号”在马里亚纳海沟成功下潜达 10909 米，创造了中国载人深潜的新纪录，标志着我国载人深潜技术已跻身世界先进行列。

地球上的海洋深度是有限的，但探索深海奥秘的征途是永无止境的。随着深潜技术的发展，人类的足迹也踏入海洋最深处，并将为和平开发利用海洋资源作出更大贡献。

15 地球生态系统可以重启吗

在太空中遥望地球，呈现在我们眼前的是一个巨大的蔚蓝色星体：蓝色的海洋、土黄色的陆地以及蜿蜒其上的连绵不断的青山。地球为人类的生存提供水、大气、矿产资源以及合适的温度等条件，是目前为止最适合人类生存的星球，承载着亿万生命体。

近几个世纪以来，人类活动的范围和程度不断加大，对地球资源的消耗迅速增加，同时造成的大气污染、水体污染、植被破坏、土壤污染和沙漠化等环境问题日益凸显，使地球“伤痕累累”。接连不断的环境问题的出现使民众逐渐意识到：为了人类的生存，我们必须努力使地球成为一个可持续发展的星球。于是，人们拿起科技的武器——地球生态

修复技术，开始了拯救地球的大工程。

地球生态修复指运用科技手段使原来受到干扰或损害的生态系统得以恢复，从而能被人类持续利用。目前我国地球生态修复技术包括地质灾害防治技术、污水处理技术、植物修复技术、废气处理技术、土地修复技术等五个方面，这些技术的应用对地球环境的改善起到了一定的作用。

但是，在地球生态系统没有被破坏之前就对其加以保护，成本相对较低，而对已被破坏，或者正处于被开发利用的生态系统实施生态修复，则成本较高。因为这一过程将涉及生态重建、就业安置等生态、经济和社会问题。并且目前生态修复的技术尚未成熟。因此，从源头上减少对地球生态系统的破坏，才是地球可持续发展的长久之计。

挑战大脑

我们呼吸的氧气来源于植物吗？

地球是我们的家园，保护地球，是我们每一个人的责任！

16 如何计算碳足迹

大自然中，有不同样式的足迹：小鸡画竹叶，小狗画梅花。还有一种足迹是看不到、摸不着的，它就是“碳足迹”。

简单来讲，碳足迹指个人、家庭、机构或企业的碳耗用量。碳耗用得多，导致地球变暖的元凶二氧化碳也制造得多，碳足迹就大；反之，碳足迹就小。

许多网站提供了专门的“碳足迹计算器”，只要输入相关情况，不但可以计算某种活动的碳足迹，还可以估算你全年的碳足迹总量。碳足迹越大，说明你对全球变暖所要担负的责任越大，需要重新审视自己的生活方式了。

其实，节能减排、保护环境，有时只需要我们做出一点改变。例如，如果一台空调制冷时在国家提倡的26℃基础上调高1℃，每年可节电22千瓦时，相应减排二氧化碳21千克。如果全国1.5亿台空调都采取这一措

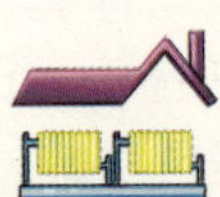

施，那么每年可节电约 33 亿千瓦时，减排二氧化碳 317 万吨。

又如，如果每个月少开一天车，那么每车每年可节油约 44 升，相应减排二氧化碳 98 千克。

此外，如果我们选择走楼梯而不是乘电梯，或者多部电梯在休息时间只部分开启，那么大约可减少 10% 的电梯用电，这样每部电梯每年可节电 5000 千瓦时，相应减排二氧化碳 4.8 吨。全国 60 万部左右的电梯每年可节电 30 亿千瓦时，相当于减排二氧化碳 288 万吨。

个人的力量虽然渺小，但积少成多，效果惊人，而态度和行为的改变，则会像多米诺骨牌那样，最终影响整个世界。保护环境已经刻不容缓，不是一句空口号。低碳减排，正需要你的参与。

17 如何变身“环保超人”

你是否曾幻想自己变成具有超能力，可以保护人类、拯救地球的超人呢？现在我们的地球正面临着大气污染、水污染、固体废弃物污染等多种环境问题，正是需要“环保超人”挺身而出的时候。正所谓“地球是我家，环保靠大家”，让我们从一点一滴的小事做起，为环保作出自己的贡献吧！以下这些随手可做的环保小事，你做了吗？

拓展

用过期牛奶做衣服

牛奶过期了怎么办？德国生物学家兼时尚设计师安可·多玛斯科成功地提取并制造出了牛奶纤维，并形成织物。牛奶织物做出来的衣物轻便、柔软、舒适，而且还有天然抗菌作用，更重要的是它的生产过程不会对环境造成污染。

随手可做的环保小事

1. 垃圾丢掉前先分类。
2. 去超市购物，自带购物袋。
3. 出外就餐，不使用一次性餐具。
4. 节约用水和用电。
5. 步行、骑自行车或乘坐公共交通出行。
6. 不随地吐痰。
7. 不浪费粮食。
8. 积极参与植树造林活动。
9. 减少过度消费。
10. 选择环保的衣着风格。
11. 选择节能产品。
12. 选择简单的家庭装修。

……

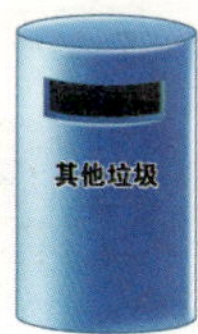

小事虽小，意义不凡！只要能持之以恒，就会为营造绿色家园作出贡献。再来读读美国著名科学漫画家拉里·高尼克的《环保超人》吧，相信你也能早日进阶，成为名副其实的环保超人！

18 中国北斗如何为世界导航

古代的中国人依靠天空中的北斗七星来判断方向，发明司南来导航。随着科技的不断发展，现代的我们可以利用太空中的北斗卫星导航系统实现精准导航。

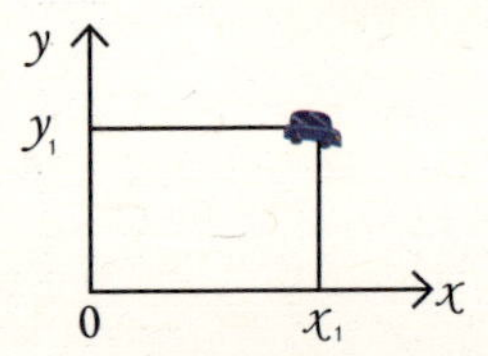

在二维空间确定物体位置，需要两个点的坐标

在平面上，只要知道了两个已知点的坐标，以及未知点与这两个点的坐标差，就可以确定未知点的坐标。相应地，在三维空间里，我们也可以通过三个已知点的坐标和未知点与这三个点的坐标差，来计算出未知点的坐标。导航系统就是利用上面的原理来定位的。前提是以上计算必须使用这些已知点同一时刻的坐标，否则就需要进行繁

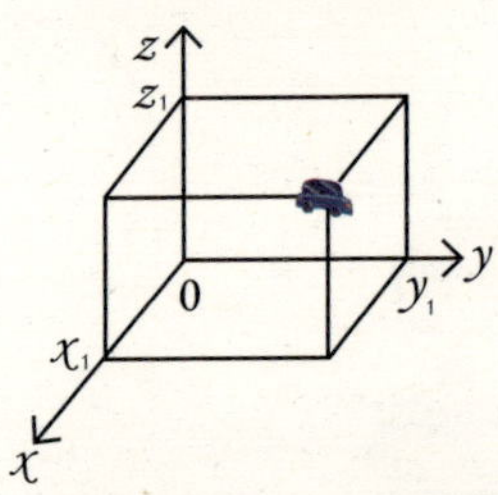

在三维空间确定物体位置，需要三个点的坐标

四个观测卫星可以在茫茫人海中对你进行准确定位

杂的计算。

北斗卫星导航系统简称北斗系统，是中国自主建设、独立运行，与世界其他卫星导航系统兼容共用的全球卫星导航系统。

20 世纪后期，中国开始探索适合国情的卫星导航系统发展道路。1994 年，“北斗一号”工程立项。2000 年，我国成功发射两颗卫星，在天空中搭建了我国的双星定位系统，优先满足了中国定位的需要，真正开创了我国建设卫星导航系统的历史，北斗走上历史舞台。

2020 年 7 月 31 日，“北斗三号”全球卫星导航系统正式开通，北斗导航系统向全球提供服务，中国北斗开始为世界导航。卫星导航系统是全球性公共资源，中国始终秉持和践行“中国的北斗，世界的北斗”的发展理念，积极推进北斗系统国际合作，让北斗系统更好地服务全球、造福人类。

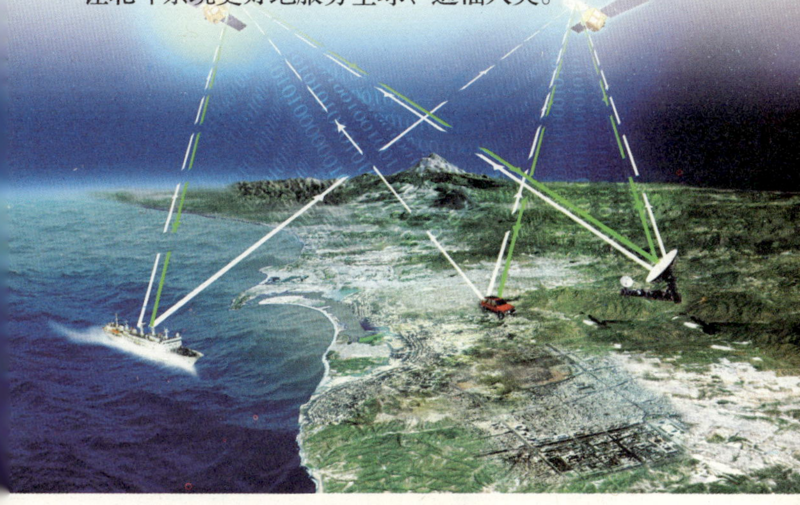

北斗应用示意图

19 “千里眼”如何感知地球

《西游记》中的“千里眼”可谓神通广大，能够看到千里之外的物体。科技发展到今天，我们已经具备了这种能力。那就是能够俯瞰整个地球的遥感技术。

“遥感”，顾名思义就是“遥远的感知”，一般是安装在人造地球卫星、飞机或飞船上的仪器，对地球进行观测，获取相关电磁波的信息，经过信号分析处理之后可以发现地面上物体的性质、特征等。撇开强大的军事监测功能不说，遥感技术在民用领域也有着十分广泛的应用。

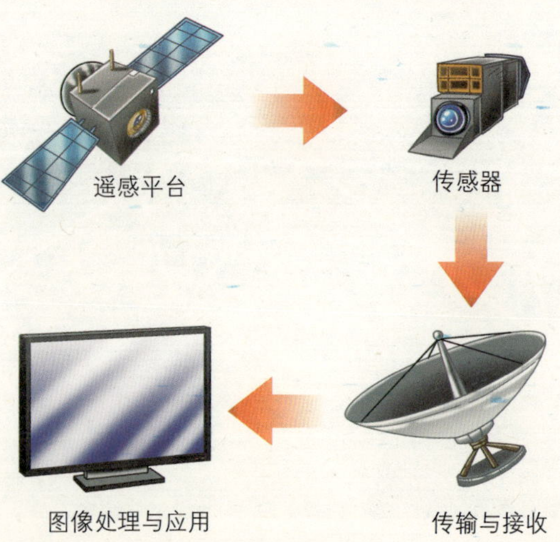

2008年，我国四川汶川发生“5·12”地震之后，地面交通和通信系统中断，如何才能了解灾区的灾情？如何才能尽快打通救援的“生命通道”？这时，遥感卫星和遥感飞机就成了大家的“千里眼”，它们所获取的图片及影像在第一时间向大家展示了地面上所发生的情况，给救援人员指明了前进的方向。

当火山喷发时，当森林发生火灾时，当人们的家园遭受洪水的侵袭时，遥感技术都能在最短的时间内发现灾情，并及时传输数据，缩短灾害救援时间。

在农业方面，遥感技术也大显身手。不同的植物种类和长势对波谱的响应不同，会在遥感图像上产生色彩的变化。当遥感图像的分辨率能够区分这些异常的时候，便可以重点研究这片异常区，查看是否存在旱涝灾害、植物病变等现象。

有了遥感技术的“千里眼”，我们就能越来越精准地感知地球了。

20 有一天我们真的会需要诺亚方舟吗

许多关于世界末日的预言不时牵动人类的敏感神经，地球上频繁上演的自然灾害不禁让人产生疑问：世界末日真的会到来吗?《圣经》和《古兰经》中都记载有诺亚方舟的故事：为了帮助人类躲过大洪水，诺亚建造了一艘大船，让各种飞禽走兽躲到船上。是不是有一天，我们也会需要诺亚方舟?

为了回答这一问题，我们首先要了解可能会导致世界末日的自然灾害产生的原因。自然灾害包括干旱、洪涝、台风、冰雹等气象灾害，火山、地震、泥石流等地质灾害，风暴潮、海啸等海洋灾害……

全球每年发生的自然灾害不计其数，数万人被夺走宝贵的生命。

为了与大自然和谐相处，人类一直孜孜不倦地探索自然灾害的科学规律。人类证实地球是由漂浮的岩石圈板块构成的，在万有引力的作用下，不同板块之间的挤压碰撞会释放巨大能量，从而引发地震。科学家发现，随着二氧化碳

排放增多，温室效应增强，厄尔尼诺现象频繁发生，导致干旱及水灾越来越严重。

为了避免或减轻自然灾害带来的人身、财产损失，人类构建了精密的监测预警与应急处置网。搭载在卫星上的观测仪器，能定期观测大气、云和地表等变化；国家预警中心每天定时发布台风、暴雨等各类灾害性天气的预报；在容易发生地质灾害的山坡、沟谷，安装监测地质体变形破坏的预警仪器；通过科普教育，增强人们的防灾减灾意识和技能。

据推测，地球已存活了46亿年。科学家认为，若任凭地球自由自在地运转，它还会存在很久很久。在浩瀚的宇宙长河里，地球是最适宜人类居住的星球，这里才是我们需要共同努力建设的“诺亚方舟”。

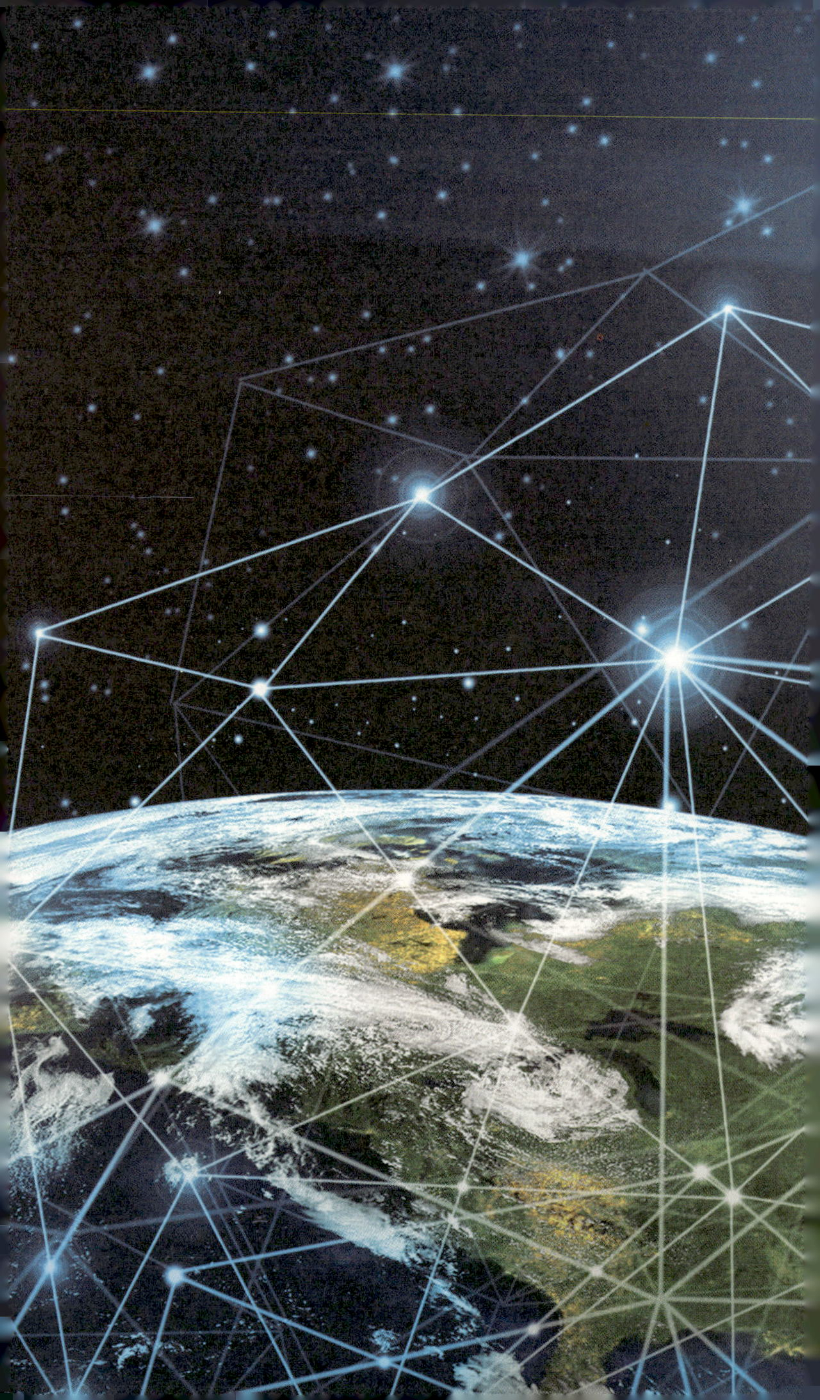

数学与信息

21 为什么说“自然之书是用数学语言写成的”

挪威云杉的球果

电影《达·芬奇密码》中，博物馆馆长在临死前留下一串密码，最后由他的孙女解开。这串密码，其实就是打乱了的斐波那契数列。0，1，1，2，3，5，8，13，21……，斐波那契数列的规律是从第三个数开始，每一个数都等于前两个数的和。这串数列看上去简单，其实却蕴藏着自然界的秘密。科学家发现，一些植物的花瓣、萼片、果实的数目以及排列的方式，都非常符合斐波那契数列，例如挪威云杉的球果和向日葵的种子。

植物当然不懂得什么数列，它们只是按照自然规律才进化成这样，因为这样的排列方式能使所有种子疏密得当，均匀地接受日照和雨水，从而大小一致。这正是大自然的奇妙之处。

说到大自然中的数学，便不能不提各种精致巧妙的螺线。如鹦鹉螺的形状非常接近于一种曲线——对数螺线。对数螺线在自然界中广泛存在，小到花

鹦鹉螺和对数螺线

朵、海螺，大到台风、星云，几乎无处不在。对数螺线神秘优美，令人着迷，以至于最早把它弄清楚的数学家伯努利将它刻在了自己的墓碑上。

数学就像一个鬼马精灵，总是出其不意地令人惊奇，却又在大自然中如此谦逊，扮演着最不起眼的角色，维护着天地万物的自然循环。这就是为什么意大利科学家伽利略会由衷感叹：“自然之书是用数学语言写成的！”

数学是自然界通用的语言，也是人类认识、改变世界和自我的工具。古代的泰勒斯、欧几里得、祖冲之等数学家以数学为镜，观察万事万物；中世纪的笛卡尔、伽利略等则以数学为武器，动摇了“上帝”“神仙”的统治地位；现代数学家更是将数学的作用发挥至极致，让它如同空气般，存在于我们日常生活的每个细节。

向日葵的种子按照斐波那契数列排列

22 操场跑道为什么不是方形的

不知你是否注意过，不管是学校的操场，还是正规的体育场，跑道的模样总是差不多：它既不是方的，也不是圆的，而是由两条直道加上两条半圆形弯道组成的。为什么要这样设计跑道呢？

跑道的这种样式是由国际田联规定的，因为这样的设计更符合人体运动的习惯。进一步说，这与物理学中的惯性有关。惯性是人在运动过程中保持原来运动状态的趋势，要改变这一趋势就需要借助外力的作用。我们知道，物体在任何运动中都会产生惯性，人跑步也不例外。如果将跑道设计成圆形，

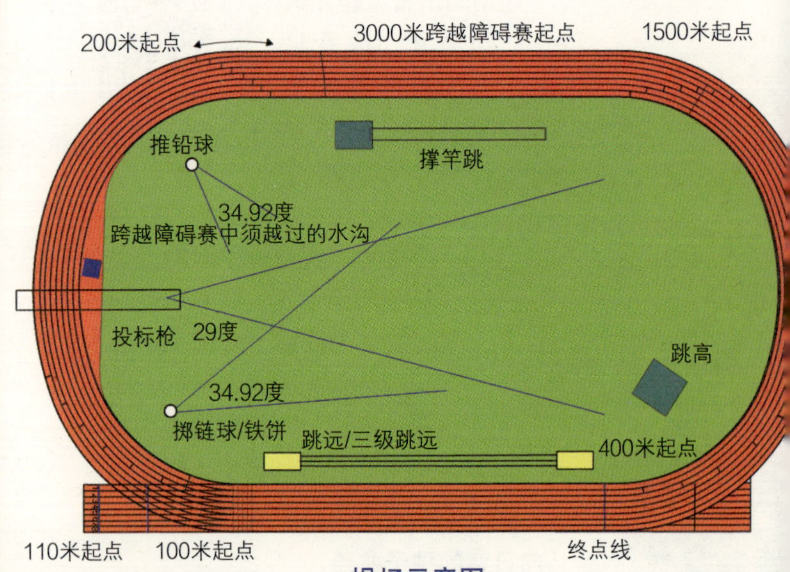

操场示意图

最早的车轮是用坚实的木头做的

那么运动员每时每刻都要改变运动方向，相当于一直克服惯性，体力消耗就会比较大。如果设计成矩形，跑道虽然全部由直道组成，但每个转角都是90度的，运动员的转向角度过大，克服惯性需要更大的力量，不利于运动的连贯性。因此，跑道采取了折中的办法，由两条直道和两条半圆形弯道组成，减少了因改变方向、克服惯性带来的体力消耗。

在生活中，像这样的“圆形、矩形之争”可不少。比如车轮都是圆形的，因为圆周上的所有点到圆心的距离相等，车子行驶起来平稳。自行车的车架是三角形的，因为三角形最稳定。把计算机显示器设计成矩形，则是因为人们的视觉习惯于捕捉横向或纵向的文字，而非弧形排列的文字。

可见，在我们习以为常的细节中，时时处处蕴藏着数学知识。如果不从现在就打好基础，养成仔细观察、善于思考的习惯，没准在日常生活中都会闹出笑话呢！

拓展

世界500强企业的面试题目也离不开我们身边的科学，其中一道经典题目是：为什么大多数井盖是圆形的？面试者分别给出了多种答案，比如圆形井盖用料少，圆形井盖便于运输、美观等。你心中的答案是什么呢？

23 猴子能打出莎士比亚全集吗

一只猴子用电脑打字，它只是胡乱地敲击键盘。在某一时刻，你惊奇地发现，它打出来的这页纸上写的居然是一部莎士比亚剧作的开头，而且一字不差！

我们在生活中有时候也会遇到一些特别巧合的事情，比如一个人居然连续两次抽中彩票大奖，这几乎不可能发生，但它就真的发生了！

概率论告诉我们，凡是理论上有可能发生的事情，哪怕它发生的可能性无比的小，只要有足够长的时间，它就一定会发生。

下面就让我们看看猴子是怎样打出莎士比亚剧作的。假设猴子能在一张纸上恰好打出剧作的概率是p，虽然p是一个非常非常小的

挑战大脑

医生为一对夫妇进行身体检查后，告诉他们，如果他们生育孩子的话，他们的孩子患遗传病的可能性为1/4。是否意味着他们生育的每个孩子都有可能得遗传病?

数，但是 p 并不等于 0。这样猴子在每一张纸上打不出剧作的可能性为 $1-p$，这个数字非常接近于 1，但是小于 1。那么猴子打 n 张纸都不是剧本的可能性是 $(1-p)^n$。现在我们假设猴子有非常非常多的时间用于打字，也就是 n 几乎是无穷大，那么 $(1-p)^n$ 就会变成一个几乎是 0 的数字，这意味着必然有一张纸上打出了莎士比亚的剧作。

数学家把这个原理称为**无限猴子定理**：让一只猴子在键盘上随机地按键，当按键时间无穷大时，必然能够打出任何给定的文字，比如莎士比亚全集。事实上，

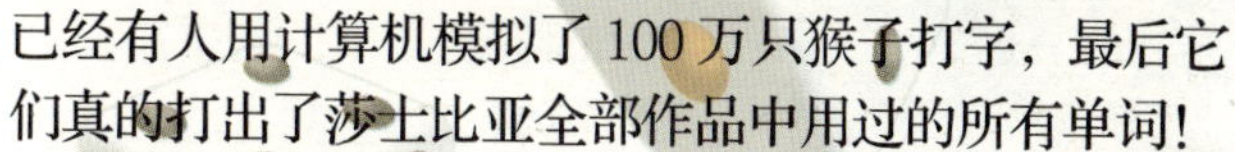

已经有人用计算机模拟了 100 万只猴子打字，最后它们真的打出了莎士比亚全部作品中用过的所有单词！

所以只要有足够长的时间，不管多么离奇的巧合都有可能发生。不过别忘了这里有个关键点：**随机**。随机，要求你不能刻意地打或者不打任何一个字。有人真的用猴子做了个打字实验，这只真实的猴子打字其实并不随机——它只是连续地按字母“M”，最后还把打字机给弄坏了！

拓展

在英语中，某些字母的使用频率远远高于另一些字母，而且使用频率相当稳定。

字母	空格	E	T	O	A	N	I	R	S
频率	0.2	0.105	0.071	0.0644	0.063	0.059	0.054	0.053	0.052
字母	H	D	L	C	F	U	M	P	Y
频率	0.047	0.035	0.029	0.023	0.0221	0.0225	0.021	0.0175	0.012
字母	W	G	B	V	K	X	J	Q	Z
频率	0.012	0.011	0.0105	0.008	0.003	0.002	0.001	0.001	0.001

24 世界名画里藏着哪些数学知识

在人们的印象中，艺术和数学风马牛不相及。然而数学和艺术都是人类智慧的结晶，分别是逻辑思维和形象思维的高度抽象，它们在哲学的层次上殊途同归。

达·芬奇名画《蒙娜丽莎》

当我们走进博物馆，欣赏着那里收藏和展出的艺术作品时，却不知道很多经典作品的背后都隐藏着一些数学知识。

看看经过测量分析的达·芬奇的名画《蒙娜丽莎》，你会发现一个熟悉的比值。对，那就是黄金分割！以蒙娜丽莎的下颌作为分界线，将人物的整体分为两部分，较大部分与整体部分的比值等于较小部分与较大部分的比值。这个比例被公认为是最具美感的比例，因此被称为黄金分割。

$$\frac{\text{较长分段的长度}}{\text{整体长度}}=\frac{\text{较短分段的长度}}{\text{较长分段的长度}}$$

当然，艺术家在他们的画作中不仅应用了**黄金分割**、**几何透视**等数学规律，还有意无意地探索应用着**映射**、**变换**、**投影**、**互耦**、**展开**、**抽象**等数学

埃舍尔的名画《白天与黑夜》充满了互耦的隐喻，画两边分别是同一景象的白天和黑夜对耦版本，通过一串黑白互嵌相向飞行的大雁连接起来，与中国古代阴阳太极球有异曲同工之妙

元素，使他们的创作具有更强的表现力。拉斐尔、莫奈、塞尚、梵高、康定斯基、毕加索是他们中的杰出代表。数学艺术家埃舍尔更是让他的艺术直接表现出抽象的数学，达到了一个哲学巅峰的高度。

科学发现轶事

黄金分割的来历：据说有一天，古希腊数学家毕达哥拉斯在街上听到铁匠打铁的声音非常动听，善于动脑筋的他仔细倾听，发现铁匠打铁的节奏有着独特的规律，他把这个声音的长短比例用数学的方式表达了出来，这就是黄金分割。

拉斐尔的《雅典学院》利用透视技巧，将向观众走过来的两位智者身后窗外的无穷远点作为视觉灭点，在二维平面上呈现了一个古希腊智者展现风采的三维舞台

在康定斯基的代表作《第八乐章》中活跃着各种几何元素，如直线、三角形、圆形等，以此简洁的几何体及其布局表现一种抽象的秩序、关联和结构

25 为什么说拓扑学家分不清咖啡杯和面包圈

在拓扑学家中流传着这么一句俏皮话：一个拓扑学家分不清面包圈和咖啡杯的差别。这是为什么呢？要回答这个问题，我们首先要了解什么是拓扑学。

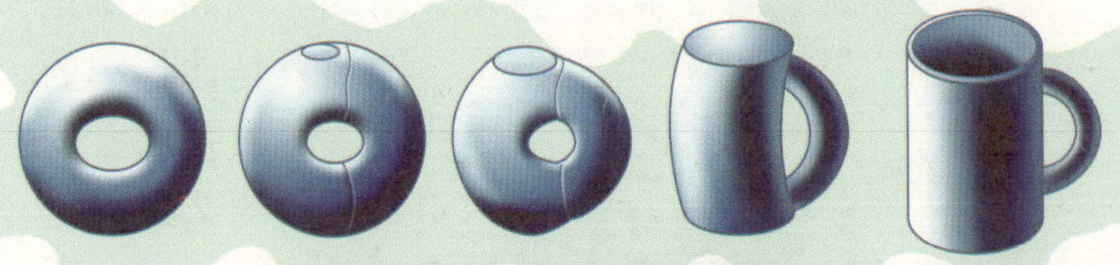

面包圈连续变换成咖啡杯

拓扑学是近代发展起来的数学领域中一个重要的、基础的分支，研究的是几何图形在连续形变下保持不变的性质。所谓几何图形的连续形变，就是允许将几何图形进行伸缩和扭曲等变形，但不能割断和黏合，所以拓扑学又被称为“橡皮膜上的几何学”。比如，我们在橡皮膜上画一个三角形，然后随便拉扯甚至扭曲，只要橡皮膜不破，所画图形就是在做连续形变。科幻电影《终结者 2》里，那个液态机器人杀手的每次变化都可以看作连续形变。只要图形的闭合性质不被破坏，在拓扑学上它们就都是等价图形。所以，对于拓扑学家来说，咖啡杯和面包圈没什么区别，二者是等价的，因为咖啡杯可以通过连续形变成为面包圈。

拓扑学的发端还与一段有趣的小故事有关：18世纪，俄国哥尼斯堡的大学城里有两个被一条小河穿过的小岛（A 点和 D 点），共有七座桥连接着小

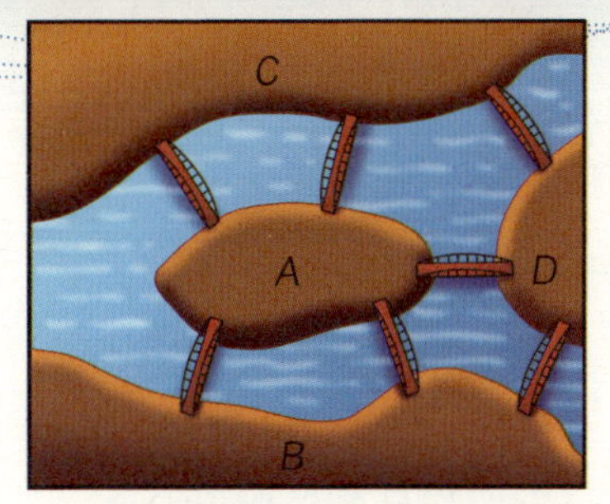

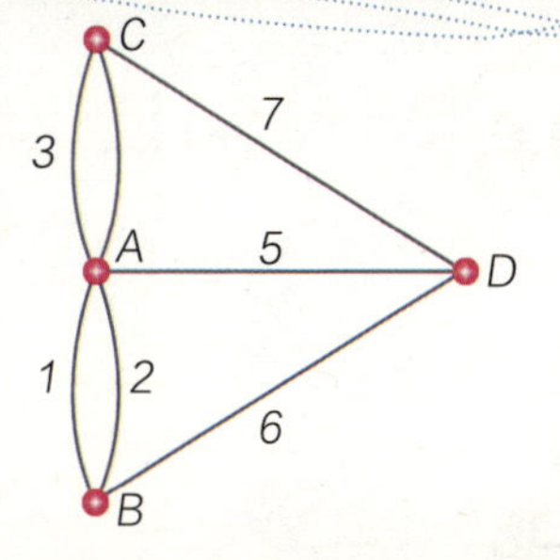

岛与河岸。怎样走才能经过每座桥而且每座桥只能走一次呢？瑞士数学家列昂纳德·欧拉采用数学方法，将这个问题简化为用细线画出的网络能否一笔画出的问题：能否从某一点开始最后回到同一点，中间任何一条线不能重复。最后欧拉得出结论：按问题要求的方式经过七座桥是不可能的。“七桥问题”就是一个拓扑学问题，因为把七桥连成路径，无论桥和路如何连续变化，都不影响问题的结果。欧拉因解决了七桥问题而被誉为拓扑学的鼻祖。

知识链接

利用拓扑学理论对地铁轨道网络进行分析，可以把所有的轨道网络分为两大类：树状网络和环状网络。这对地铁路线设计有重要的指导作用。

拓扑学只研究图形的等价性，不考虑研究对象的形状、大小、位置等因素，从而使很多复杂而抽象的问题大大简化，这也决定了拓扑学在物理学、生物学、化学、经济学等领域都具有广泛的应用价值。

26 一厘米线段上的点与太平洋面上的点一样多吗

知识链接

格奥尔格·康托尔（1845—1918）

德国数学家，集合论的创始人。

太平洋的面积有1.56亿千米^2，有三个半亚洲那么大，洋面上的点，竟然和一厘米长线段上的点一样多，这不是天方夜谭吗？然而，这看似不可能的假设，竟然被德国数学家康托尔证明了。

想弄明白这个问题，首先要明确“点是什么”。点是数学、几何等学科中常用的概念。点构成线，线又构成面，如果用10颗棋子排成一行，那么每颗棋子就是一个点，这一排棋子就叫作一条线。如果用10个西瓜排成一行，那么每个西瓜就是一个点，一排西瓜就叫一条线。不管棋子和西瓜的大小多么悬殊，在数学、几何等学科中，它们各自作为点、线，都是平等的，没有大小、长短之分。可见，“点”是一个相对的概念。

如果给这些棋子和西瓜“配对”，每一颗棋子刚好可以和一个西瓜相配，一个不多，一个不少，这就叫作“一一对应”。

棋子也好，西瓜也好，都是有具体体积的实体，而数学、几何等学科内的点则是指“零维度对象”，也就是把棋子或者西瓜想象成无限缩小，小到任何东西都比它大。

那么，用这样的点填满一厘米长线段，需要多少个？

用这样的点铺满太平洋面，又需要多少个？

你的答案可能呼之欲出：既然点是无限小的，那么不管铺满线段也好，太平洋面也好，都需要无限个啊！

恭喜你，凭着自己的想象和推论，就弄明白了困扰数学家和哲学家几个世纪的概念——**无穷集合**。

德国数学家康托尔先是证明了无穷集合可和自己的一部分一一对应，几年后又进一步证明了平面和线段上的点可以一一对应，并在此基础上发展成了集合论。1883 年，康托尔又提出了广为人知的康托尔三分集。此点集具有自相似性，包含无穷多个点，所有的点处于非均匀分布状态。

集合论已成为整个数学大厦的基础，康托尔也因此成为世纪之交的伟大的数学家之一。

康托尔三分集

27 为什么说布尔代数是计算机的基本运算方式

计算机是一种复杂的高科技产品，但它的基本运算方式却是似乎很小儿科的布尔代数。

作为一位小学教师，乔治·布尔琢磨出的布尔代数也是小学难度的。布尔代数只有两个基本元素：**1（true，真）**和**0（false，假）**，三种基本运算：**与（and）**、**或（or）**和**非（not）**。

如果以“有冰激凌”为一个真，以“有蛋糕”为另一个真，进行与、或运算，会得到一张有趣的表格：

冰激凌	蛋糕	与（and）挑剔食客	或（or）随和食客
0	0	0（唉）	0（唉）
1	0	0（唉）	1（哈，冰激凌）
0	1	0（唉）	1（哈，蛋糕）
1	1	1（哈，冰激凌蛋糕）	1（哈，冰激凌蛋糕）

穿孔纸带

穿孔纸带是早期计算机的输入和输出设备，它将程序和数据转换为二进制：带孔为1，无孔为0，经过扫描输入电脑

非运算更加简单，单一布尔代数的值1变0、0变1，齐活了！

逻辑简明的布尔代数与只有开与关两种状态的数字电路的原理不谋而合。把数

知识链接

乔治·布尔

（1815—1864）

19世纪英国数学家，符号逻辑的奠基人，布尔运算的发现者。

据转化为由0和1组成的二进制数，可以把数学或逻辑计算转化为布尔运算。把大量数字电路组合起来，同时运行无数个布尔运算，就是速度过人的计算机。

搜索引擎服务，同样是利用布尔运算完成的。为了提供搜索服务，搜索网站记录了互联网上所有网页的内容，以此为基础建立了庞大的数据库。这个数据库使用关键词进行组织，比如“冰淇淋”就是一个关键词。

搜索引擎为每个关键词建立了索引，基本形式是一个很长的二进制数字：000011011……，其中每一位代表一个网页，“1”代表网页上有这个关键词。如果在搜索栏键入“冰激凌”和“蛋糕”这两个词，搜索引擎会对索引相应的两个二进制数的每一位做与运算，找出结果为“1”的位，把对应的网址展示给我们，一次搜索便顺利完成了。

当然，真正的搜索引擎非常复杂，但它们同样是用简单的布尔运算驱动的。

28 万物互联真的能互联万物吗

在电影《阿凡达》中，遍布全星球的生物神经网络让每一个生物、每一个物体都与整个星球互联互通，我们不由在想：地球上也可以这样吗？

物联网的出现，让这个幻想正在逐渐变成现实。

物联网指通过射频识别、红外感应器、全球定位系统和激光扫描器等信息传感设备，按约定的协议，把任何物品与互联网联接起来，进行信息的交换和通信的网络。而万物互联则可以将我们生活中几乎所有的物品，如手机、电脑、空调、冰箱、洗衣机，甚至包括内置身体的传感器联系起来，实现人机互动。

那么，万物互联可以给我们的生活带来哪些改变呢？

智能家居让我们的生活变得更加舒适、悠闲，比尔·盖茨的“未来之屋”就是如此：主人在回家途中，浴缸已经开始自动放水调温；当有客人到来时，只要将一个别针别在客人的衣服上，别针就会自动向房内的计算机控制中心传达客人最喜欢的室温、对电视节目的喜好等信息。

智能设备为我们带来了安全和便利。只要让老人或儿童携带装有水平传感器、RFID 识别感测器、无线通信装置的智能手杖或智能手表，就可以确定老人或儿童的位置及其是否出现跌倒等突发状况。

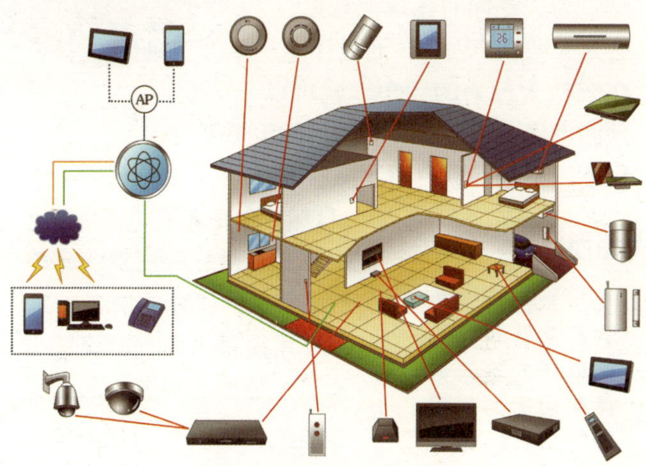

智能家居示意图

此外，智能交通、智慧城市、智能消防等也都以物联网为基础。在未来，人、花草、机器、手机、交通工具、家居用品等，几乎世界上的所有东西都会被联接在一起，超越了空间和时间的限制。物联网通过物品与人之间的互动，将帮助我们构建“大生态系统”，最终实现万物互联。

29 什么是大数据做不了的

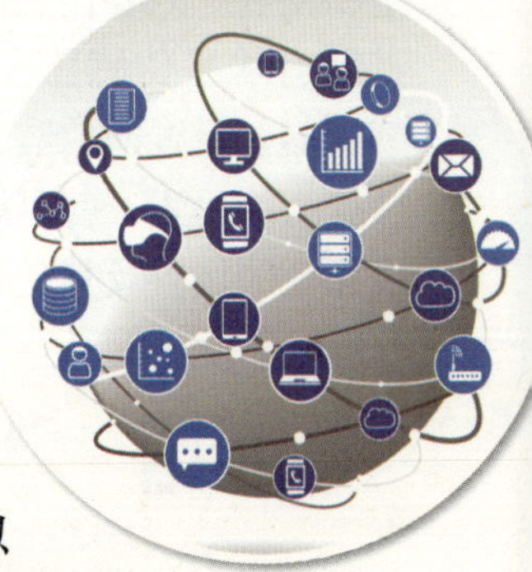

你相信谷歌搜索引擎可以预测流感暴发吗？2008 年 11 月，谷歌的科研团队发现，在流感高发期，以“流感”为关键词的在线检索量会大大增加。因此，通过计算在线检索行为的频率，就可以预测世界上不同国家和地区的流感暴发程度，于是谷歌科研团队在 2009 年 2 月的科学杂志《自然》中发表了《利用搜索引擎查询数据检测禽流感流行趋势》的研究成果。

用搜索引擎预测流感少不了大数据的功劳，那么大数据是万能的吗？答案是否定的，大数据也有做不了的事情。

首先，虽然大数据可以处理庞大的数据源，但是它的精确性却大打折扣，混杂性和模糊性占了上风。例如，谷歌翻译是利用大数据的语义相关性进行自动翻译

知识链接

大数据，也称巨量资料，指规模巨大到无法使用目前的主流软件工具，在合理时间内达到撷取、管理、处理的数据集合。

大数据的4V特点

Volume 大量

Variety 多样

Velocity 高速

Value 价值

的工具，可是翻译结果有时却令人哭笑不得。

其次，大数据的预测功能并不是完全可靠的，我们并不能用大数据预测明天哪一只股票会飘红。中国有句老话叫作“天有不测风云”，任何一项因素都可能会影响结果，甚至会出现“差之毫厘，谬以千里”的情况。

第三，大数据的优势在于分析两组数据的相关性，却很难分析其因果性。例如，一家超市经过数据分析发现，生鲜食品的销量与时间周期是有相关性的，但究竟是什么原因导致这种结果，却很难找到答案。

大数据研究现在还处于起步阶段，我们可以借助它进行初步的统计与预测工作，却不能完全依赖它做出决策。但大数据的确是一个有效的工具，如果利用好它，我们就可以达到事半功倍的效果。

30 “云”端的学习生活是怎样一幅图景

想象一下这样的学习场景：在家完成的作业，不用拿 U 盘拷贝，来到学校后使用任何一台云端设备都可以打开自己的作业；在学校下载的大量课程视频，也不用携带移动硬盘拷贝，就可以在家里的云端设备轻松观看……有了云计算，这些都会变成现实。

“云”端的学习、工作与生活方式畅想图

在云计算时代，云会替我们做存储和计算的工作。云就是计算机群，每一群包括几十万甚至上百万台计算机。用户通过网络将自己的电脑与云相连。当用户需要使用某项服务时，就将需求都通过网络发送到云，收到用户请求，云经过处理后将结果反馈给用户。

企业/政府/个人等

用户的公共性

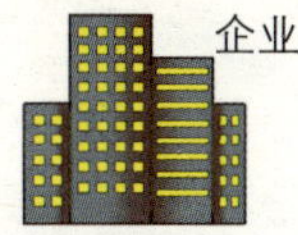

设备的多样性

各种智能终端

商业模式的服务性

简化和标准的服务接口

按需计费的商业模式

提供方式的灵活性

云计算概念模型

通俗来讲，云就是将无数的电脑有机地组合起来，形成一个巨大的电脑，大家一起使用这个电脑工作。而用户只需要一台显示终端，就可以通过网络服务来实现我们需要的一切，甚至包括超级计算这样的任务。

知识链接

最早的计算机网络

20世纪60年代中期，由1台计算机和全美范围内2000多个终端组成的飞机订票系统组成了世界上最早的计算机网络，但是这个网络的终端计算机只有显示器和键盘，并无CPU和内存。

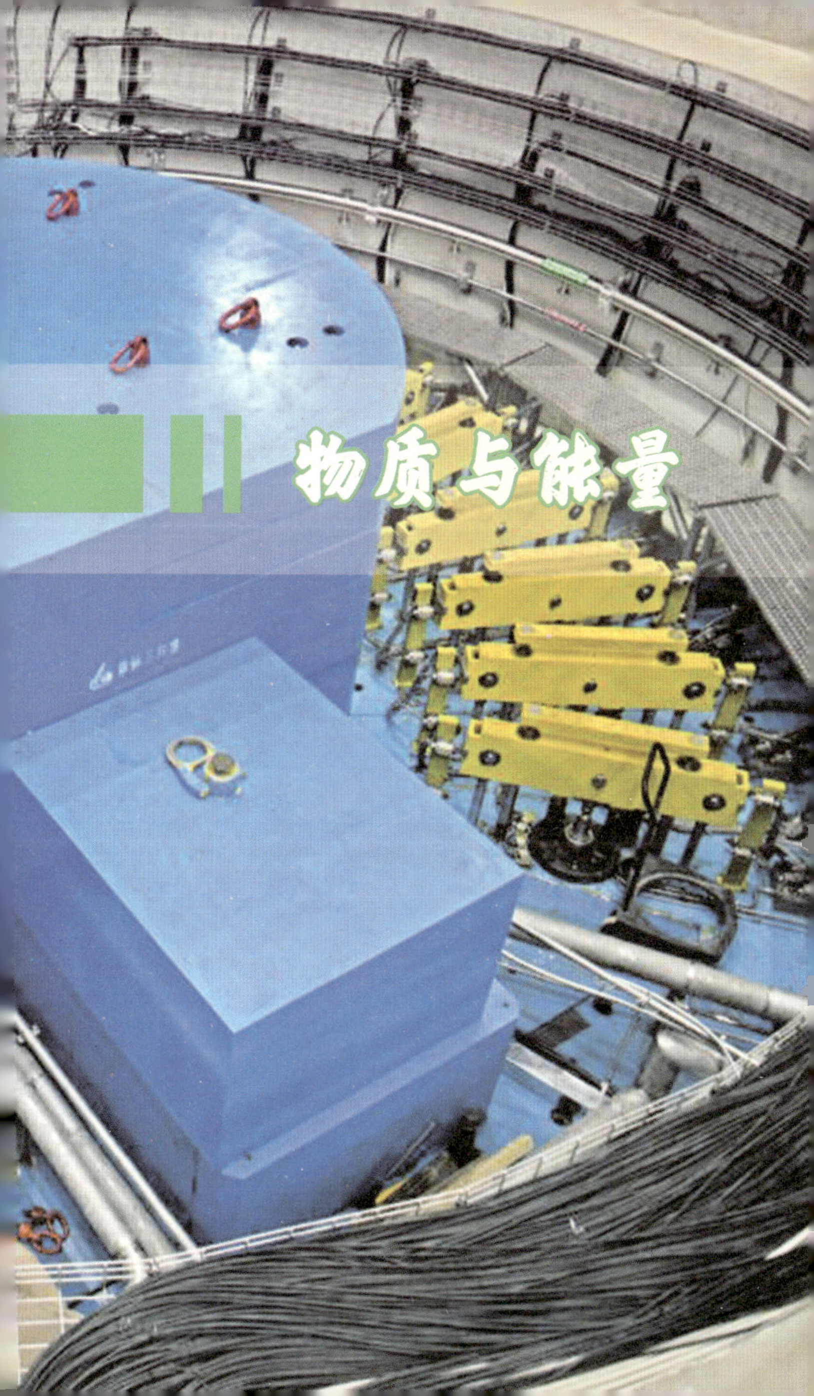
物质与能量

31 “上帝粒子”是“撞”出来的吗

“上帝粒子”因2013年的诺贝尔物理学奖而被世人所知。来自欧洲大型强子对撞机（LHC）的数据显示，行踪神秘的上帝粒子可能已经被找到了。那么，什么是上帝粒子？它是被对撞机碰巧“撞”出来的吗？

古希腊人把不可分的最小物质单元叫作原子，19世纪初，道尔顿等人认为化学反应中不可分的最小粒子就是原子。但不少物理学家执着地认为，原子并非不可再分，它还有内部结构。后来经过数位物理学家的努力，人们认识了更多的基本粒子，并逐渐形成了“基本粒子的标准模型”。但有个问题一直困扰着科学界：基本粒子的质量是怎么来的呢？为什么粒子的静止质量会大小不一？

英国物理学家希格斯想了个办法——假设宇宙中有一个无处不在的场，那么基本粒子可以通过与场的相互作用而获得质量，产生希格斯玻色子。基本粒子与该场之间的

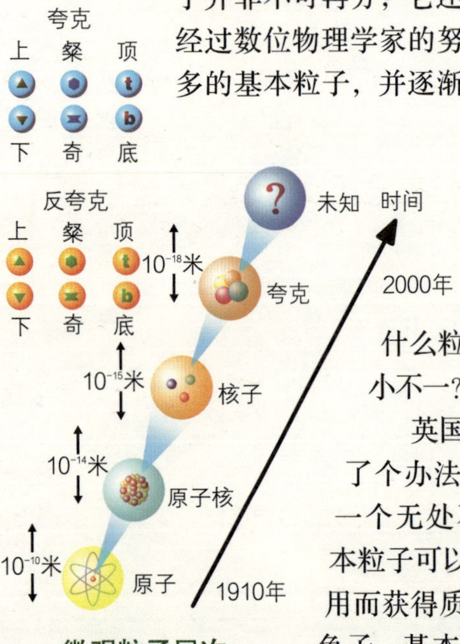

微观粒子层次

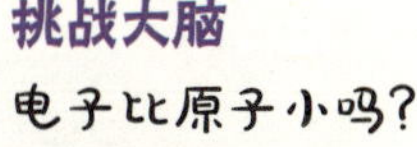

作用强度不同，所获得的质量也就不同。这种场像上帝一样无处不在，故而希格斯玻色子被物理学家戏称为“上帝粒子”，它是赋予大部分基本粒子质量的根源。

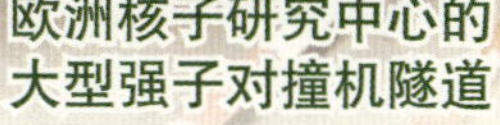
欧洲核子研究中心的大型强子对撞机隧道

根据最初的猜想，只要能量足够高，就有希望观测到上帝粒子。于是从 1964 年希格斯粒子提出以来，人们花了近 50 年的时间，终于利用强大的粒子对撞机发现了上帝粒子的踪迹。可见捕捉到上帝粒子的踪迹并非巧合，而是在科学猜想的指导下，人类不断探寻的结果。

知识链接

彼得·希格斯

（1929—　）

英国物理学家。他提出希格斯场理论，预言了希格斯玻色子，并因此闻名于世。他于2013年获诺贝尔物理学奖。

32 散裂中子源如何探索物质结构

在显微镜发明以前，人类主要靠肉眼观察周围世界，还没有办法观察细胞，甚至还不知道细胞的存在。显微镜把一个全新的世界展现在人类的视野里，显微镜的发明大大扩展了人类的视野，也把生物学带进了细胞的时代。

20 世纪 30 年代，科学家又发明了电子显微镜。与光学显微镜用可见光作为“探针”不同，电子显微镜用电子束作为“探针”对样品进行观测。电子显微镜用能量更高的电子束代替可见光，用电磁透镜取代光学透镜，并使用荧光屏等装置显示肉眼不可见的电子束图像，因而具有更高的放大率和分辨率。

20世纪30年代，科学家发明了粒子加速器。粒子加速器不仅可以研究分子和原子层次，还可以研究原子核的结构、组成原子核的质子和中子结构，夸克、轻子和传递相互作用的媒介粒子等“基本粒子”。这些粒子加速器的规模往往巨大，用于探索物质深层次的微观结构，因此被称为“超级显微镜”。

中子也可以作为“探针”，各种中子源也是研究物质微观结构的有力手段。中子不带电、能量低、具有磁矩、穿透性强、无破坏性，能清晰地分辨轻元素、同位素和近邻元素，用以研究在原子、分子尺度上各种物质的微观结构和运动规律，告诉我们

中国散裂中子源

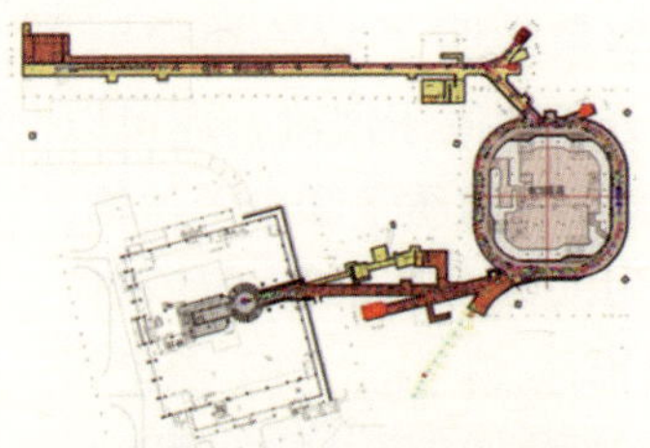
中国散裂中子源布局图

原子、分子在哪里，在做什么，不仅可探索物质静态微观结构，还能研究其动力学机制。

我国在广东省东莞市建设了中国散裂中子源（CSNS），为相关领域的研究提供高性能的平台。中国散裂中子源主要由1台负氢离子直线加速器、1台快循环质子同步加速器、2条束流输运线、1个靶站和3台谱仪及相应的配套设施组成。负氢离子源产生的束流在直线加速器里被加速到80兆电子伏，经过中能束流输运线注入快循环质子同步加速器。

负氢离子直线加速器

快循环质子同步加速器

散裂靶站

在同步加速器的入口安装了一台剥离膜装置，可以把负氢离子中的电子剥离掉而转换成质子。质子在同步加速器进行积累，并加速到最终能量 1.6 吉电子伏，每秒可进行 25 次这样的循环。质子束通过高能束流输运线送到靶站，轰击钨靶产生散裂中子。在靶站内部安装了慢化器，可以把散裂反应产生的快中子减速为慢中子，再通过中子导管引到各台谱仪，供用户开展实验研究。

中国散裂中子源建成后，为生命科学、材料科学、物理学、化学、纳米科学、环境科学、地球科学和医药学等领域的前沿探索提供先进的研究手段，有望使我国在量子调控、基因和蛋白质工程、高温超导机理和稀土永磁材料等重要研究方向上取得突破，为国家重大战略需求提供有力的支撑。

33 如果没有“掉落的苹果”，还有没有牛顿力学定律

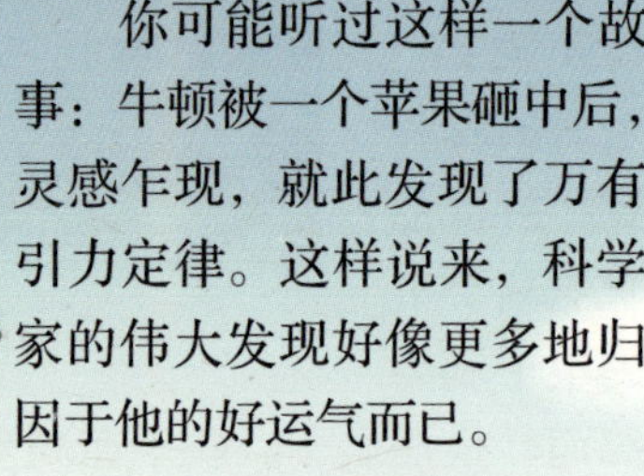

你可能听过这样一个故事：牛顿被一个苹果砸中后，灵感乍现，就此发现了万有引力定律。这样说来，科学家的伟大发现好像更多地归因于他的好运气而已。

知识链接

艾萨克·牛顿
（1643—1727）

英国皇家学会会长，物理学家，提出万有引力定律、牛顿运动定律，发明反射式望远镜，解释了光的色散原理，被誉为“近代物理学之父”。

如果没有被“掉落的苹果”砸到，牛顿是不是就发现不了万有引力定律呢？当然不是！其实早在牛顿之前，就有不少科学家研究了物体的运动：亚里士多德从哲学层面探讨了物体运动的若干概念，伽利略开创科学实验的方法，从实践出发检验物体

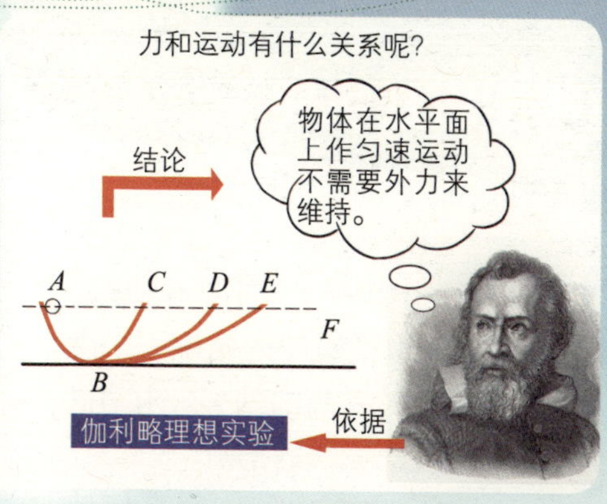

运动的规律，而开普勒则根据他的老师弟谷积累的大量观测数据推算出行星运动的规律。

牛顿总结了前人大量的实验数据和研究成果，同时继承了他们的研究方法——**理论指导实验，实验检验理论**。从苹果落地想到重力容易，但从重力想到天体之间的吸引力则需要对现象的反复观察和思考，需要足够的想象力，更需要继承和吸取前人的深厚积累——正所谓站在巨人的肩膀上，才能看得更高更远。苹果落地的故事不过是对这种非凡科学想象力的一种形象描述罢了。

这样看来，发现牛顿力学定律和是否被苹果砸脑袋并没有必然的因果关系。多年过去，剑桥大学的那棵苹果树依旧在，牛顿有没有被它掉落的苹果砸中其实并不重要，它已经成为实验科学精神的象征之一了。

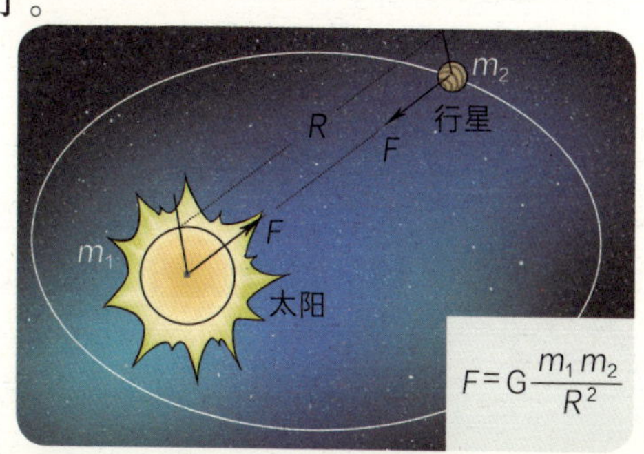

34 真的造不出永动机吗

科幻电影《雪国列车》中描述了这样一幅场景：在地球环境极度恶化、能源极度短缺的情况下，濒临灭绝的人类逃上了一列载有永动机的列车。永动机使列车不断行进并维持车上生态系统的平衡。

根据达·芬奇的手稿复原的永动机模型

电影中的幻想真切地反映了人类对现实生活中能源危机的担忧。长久以来，许多人都曾尝试制造一台不需要借助外力或吸取外部能量就能不停运转的**永动机**，以应对能源不足的问题。

永动机的想法起源于印度，1200 年前后传入伊斯兰世界，13 世纪法国人设计了所谓的“永动机模型”，后来又出现过无数个永动机设计方案，并引起了诸多著名科学家的研究兴趣，包括达·芬奇和特斯拉等人，但最终结果都是一样的——失败！

从 1775 年开始，法国科学院就已不再受理任何永动机的专利申请；1917 年，美国更是明令禁止颁发此类专利，因为永动机本身就是违反基本自然规律的。

有的永动机号称“不消耗任何能量而持续地对外做功”，这违反了能量守恒定律，因为能量无法凭空产生也不会凭空消失，而持续做功必然会产生热能，从而必须不断补充能量。

有的永动机号称可以“在没有温差的情况下从自然界中不断吸取热量而使之持续地转变为机械能”，这违背了热力学第二定律——机械能可以100% 转化为内能，但内能却不可能完全转化为机械能，而不引起其他任何变化。

英国科学家焦耳花了近 20 年的时间做实验，证明了违反客观科学规律的永动机是不可能造出来的。遵守自然界的基本规律，才是人类的生存之道。

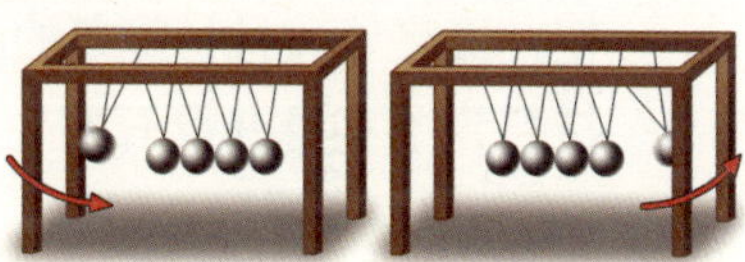

牛顿摆（永动球）

知识链接

詹姆斯·普雷斯科特·焦耳

（1818—1889）

英国物理学家。他在年轻的时候也是个永动机迷，但在多次失败后，他开始重新思索与研究，探求失败背后的科学真谛，最终得出永动机是不可能造出来的结论。

35 心情戒指真的能感知心情吗

“你的戒指变色了！”

“因为我正心情不好呢！别惹我！”

有一种戒指确实会变色，尤其是在人情绪波动的时候，这种戒指号称“心情戒指”，戴在手上时而变成红色，时而变成蓝色，看起来十分神奇。难道心情戒指真的能读懂我们的心思，感知我们的心情？

其实，所谓的“心情戒指”是根据体温的变化来改变颜色的。心情戒指的戒面由液晶或稀土等热敏变色材料制成，当温度改变时，液晶材料的分子排列方式或稀土材料中的能量传递效率也会随之改变，最终导致材料颜色的改变。在整个变化过程中，材料分子本身并没有发生改变，这是一个**物理变化**过程。

而我们心情的变化却是一个复杂的**化学变化**过程。从生理学和心理学角度来看，心情的变化需要激素来调节，比如苯基乙胺、多巴

知识链接

分子是物质中能够独立存在并保持该物质一切化学性质的最小微粒。原子尺度上产生了新的物质的变化是化学变化，不产生新的物质、仅改变物质状态的变化是物理变化。

胺、肾上腺素等。这些激素中有的会使心跳加速，有的会传递亢奋和欢愉信息。

情绪和体温之间存在一定的联系，当我们出现兴奋、紧张、发怒、悲伤的情绪时体温会有变化，比如兴奋的情绪会使体温上升，而悲伤的情绪会使体温下降。变色心情戒指正是基于此道理设计的。

例子

以我们最熟悉的水为例：冰、水和水蒸气可以相互转化，在转化过程中，水分子没有被破坏，这就是物理变化。一旦把水分子破坏（例如电解水），产生了新的物质——氢气和氧气，就是化学变化。

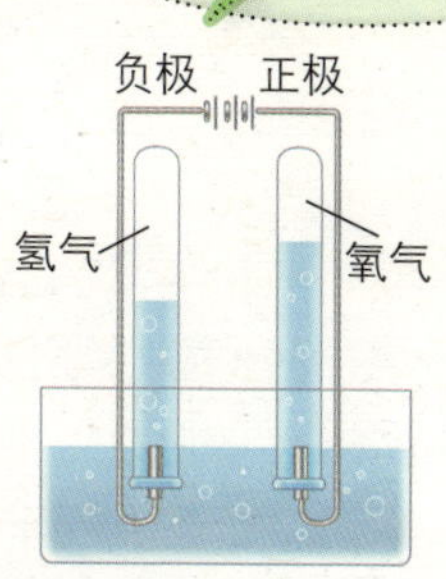

电解水

水的三态

拓展

智能猫耳

日本公司研制的智能猫耳头箍，其内置的传感器可以探测佩戴者的脑波，随着人的心情改变做出不同的动作。

36 人类能否穿越时空

在电影《星际穿越》中，有一个重要情节，就是男主角库珀在黑洞中向生活在过去的女儿和自己发出信号。人可以将信号传递回过去，这很像时光旅行。时光旅行真的能实现吗？

在牛顿的经典物理中，时间是绝对流动的，人们并没有对人类是否可以穿越回到过去产生疑问，认为这是绝对不可能的。

到了 20 世纪初，爱因斯坦创立了狭义相对论和广义相对论。在狭义相对论中，时间和空间不再是绝对的，在不同的参照系中，时间和空间都会不一样。一个经典的例子是，如果一个人乘坐以接近光速运动的飞船旅行一圈再回来，他所携带的时钟与当地的时钟做比较，就会变慢了一些。在广义相对论中，时间和空间会受到能量的扭曲，这样，在不同的空间点，相同的时钟走的速度也会不一样。一个极端的例子是黑洞，在

知识链接

阿尔伯特·爱因斯坦
（1879—1955）

犹太裔物理学家。他成功解释了光电效应，创立了狭义相对论和广义相对论。

挑战大脑

光速比声速快吗？

黑洞边缘（视界），时钟走得非常慢。比方说，如果一个航天员到黑洞边缘走一圈再回到原处，他所携带的时钟和当地的时钟相比可能就变慢了很多。

拓展

虫洞

黑洞就是这样一种天体：它的引力场是如此之强，就连光也不能逃脱出来。

虫洞是宇宙中可能存在的连接两个不同时空的狭窄隧道。虫洞是 20 世纪 30 年代由爱因斯坦及纳森·罗森在研究引力场方程时假设的，认为通过虫洞可以实现瞬时的空间转移或者时间旅行。

那么是否存在一种情况，一个人顺着某个轨迹（虫洞）运动再回到原来的空间点，就能够回到过去？或者根据狭义相对论，一个物体能够以超出光速的速度旅行，时间也能倒回？物理学家研究发现，要实现以上两种情况的时空穿梭需要负能量，负能量是制造时光机的一个重要条件。到目前为止，人们还没有发现产生负能量的手段，因此，时光机还不存在。总的说来，虽然我们还不能完全排除制造时光机的可能性，但是目前的物理学并不支持这种可能性。

37 隐形人能从传说走向现实吗

在《哈利·波特》中，波特有一件隐身衣，穿上它之后就变成了隐形人。一直以来，隐身衣只存在于类似的神话传说、科幻小说或电子游戏中，并未成为现实。不过目前世界上各国的科学家都在致力于研究现实中的隐身衣，并已经取得了一定的进展，制造隐身衣似乎不再是梦想了。

其实，人之所以能看到物体，是因为物体阻挡了光波的通过。如果想让某个小球隐形，可在小球的四周覆盖一层以同心圆形状排列的超材料，这种材料能挡住传来的一切光波，并且不发生反射或吸收现象。被挡开的波在物体的另一边再次汇合后继续沿直线传播。在观察者看来，物体就似乎变得“不存在”了，也就实现了视觉隐身。简而言之，隐身衣使用的超材料，可以让雷达波、光线或者其他的波绕过物体而不会被反射，进而达到不可视的效果。

同心圆形状排列的超材料隐身物体原理图

涂覆超材料的绿色小球在镜子中不反射光线

英国科学家制备出一种可以弯曲和引导光线，使物体在较长的波长下隐形的超材料“薄膜”，将这种薄膜结构黏合制成柔韧且有弹性的“智能布料”，便能实现隐形斗篷的基本功能。研究人员将这种薄膜涂覆在绿色小球的表面，小球便不能反射光，导致它在镜子中无法被观察到。

隐身衣将被首先应用于军事领域，提高作战的隐蔽性和安全性。但如果任何人都可以隐形，也会引发社会问题。科技是一把双刃剑，我们不能因噎废食，同时也需要充分预测科技所带来的负面影响并加以规避。

知识链接

隐形飞机的机身涂有特殊材料，可以吸收雷达波，其特殊的外形也可以降低雷达反射，从而起到隐身的效果。

38 赛车的燃料缸能“消化”巧克力吗

赛车可以“消化”巧克力吗？是的，可以！英国华威大学研制出一辆全环保赛车，它的方向盘采用胡萝卜纤维材料制成，后视镜和刹车片则分别由马铃薯淀粉和腰果壳制成，而使赛车跑起来的燃料，也摒弃了传统的不环保汽油燃料，改用巧克力和蔬菜油的混合液作为绿色燃料。

用巧克力和蔬菜油作为赛车的燃料，这听起来十分神奇，如果我们在日常生活中也能使用这种清洁能源，那该多好！

从广义上讲，**清洁能源**指对环境友好的能源，它们环保，排放少，污染程度小，既包括了**太阳能**、**风能**、**生物能**、**水能**、**地热能**等可再生能源，也包括了低污染的化石能源，如**天然气**、**洁净煤**、**洁净油**等，巧克力和蔬菜油的混合液就属于洁净油。

太阳能是现在最受欢迎的清洁能源之一。如美国就在莫哈维沙漠中安置了14.25千米^{2}的镜子，以此来反射太阳光的热量，利用高温产生的蒸汽带动涡轮机旋转，最终预计能产生3.7亿瓦的电力。

洁净煤和洁净油虽然是化石能源，但它们在开采、加工、利用的过程中使用了新的技术，从而减少污染物排放量，提高能效利用率，也是对环境相对友好的绿色能源。

人类在使用能源的路上，已经走过了发现能源、利用能源的里程碑，再往前发展，就是改变能源、革新能源的丰碑。愿我们能为这座新丰碑的奠基，贡献出自己的一份力量。

拓展

美国哈佛大学的科学家受树叶启发，发明出一种人造树叶，它能使水分解为氢气和氧气，再用一种细菌将二氧化碳加氢转化为液体燃料，实现了从太阳能到化学能的转化。

39 动物能预测地震吗

1975 年 2 月 4 日，辽宁海城发生里氏 7.3 级地震，在此前一两个月就出现了一些异常现象：小猪相互乱咬，梅花鹿撞开厩门冲出厩外，公牛奔跑狂叫等。这些异常现象后来被人们传为是这次地震的预兆。

19 世纪 70 年代，美国地质勘探局（USGS）曾经发起过关于动物异常反应与地震的研究，结果是“没有找到二者间可信的联系”。事实上，很多动物在地震来临时的异常表现，是一种对震动的惊惧反应。很多大地震来临之前，会有多次规模很小的前震，这些频繁发生的前震虽然不容易被人类感知，却可能惊扰了那些对震动敏感的动物。

很多动物拥有比人类更加敏锐的感觉系统，尤其是穴居动物对振动十分敏感。还有一些动物具有“特异功能”：蝰蛇可以感知红外线；大象和鲸可以感知次声波；狗不但嗅觉灵敏，更可听见超声波。但很多特殊的情况或振动都可能会引发动物的异常行为，不一定就是地震。

需要特别指出的是，前面所述的辽宁海城里氏

挑战大脑

地球的板块运动会造成地震吗？

7.3 级地震是世界上截至目前唯一一次没有争议、具有科学意义和社会效益的成功地震预报。这次成功的预报是建立在对频繁发生的前震的监测上的，而不是后来流传甚广的动物异常行为报告。

常被人们作为地震预警的动物异常行为还包括：鸡不进窝、鸡飞狗跳、蛤蟆上街、金鱼跳出水缸等。动物行为异常是地震发生的必要但不充分条件。动物行为可能跟地震有相关性，但未必具有因果性。单靠动物预报地震并不可靠，因为动物的情绪和行为是受多种因素影响的，比如它自身的生理需求和环境等。我们需要进行综合分析才能协助地震预报。

40 看3D电影一定要戴3D眼镜吗

如今，许多热映电影大片都采用了3D技术，让人的视觉体验更加丰富。

如果你只是希望享受到立体的视觉效果，那么也可以不戴3D眼镜，现在，裸眼3D技术已经很成熟，你只用肉眼欣赏，就能感到画面扑面而来。

基于色彩学的有关知识，三维物体边缘的凸出部分一般显高亮度色，而凹下去的部分由于受光线的遮挡而显暗色。根据这一原理绘制或设计出的图案，会使人产生错觉，觉得眼前的图案是立体的。这就是裸眼3D图像的秘密。

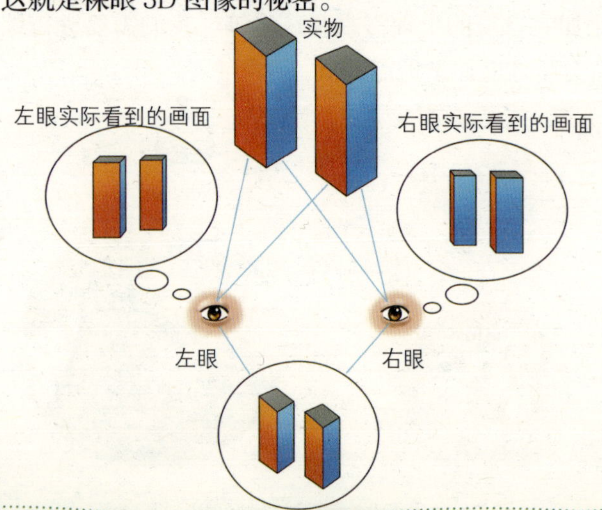

而需要戴眼镜的 3D 电影，则是在拍摄的时候就埋下了伏笔。

人之所以看到的物体会有立体效果，就是因为人有两只眼睛。3D 电影采用两台摄影机拍摄，并模拟人的两只眼睛。如果只是单纯地把两个画面投射在一个银幕上，就会造成模糊不清，但只要能够控制光线让左眼看到的是一个摄影机给出的画面，右眼看到的是另一个画面，就复原了拍摄时的情形，从而产生了立体感。实现这个功能的道具，就是 3D 眼镜。

3D 眼镜利用光学原理，让不同偏振模式的光通过左右两只镜片，达到了“左眼看左镜、右眼看右镜”的目的。也有的 3D 眼镜利用红蓝（绿）镜片分别过滤不同颜色的光线，从而实现色彩还原。所以，戴上 3D 眼镜，我们看到的电影画面就变得立体起来，使人感觉身临其境。

现在，裸眼 3D 技术还没有完全应用于影视制作，所以想要在影院里看 3D 电影，还是得戴上 3D 眼镜。为了享受身临其境的电影效果，麻烦一点儿也没什么！

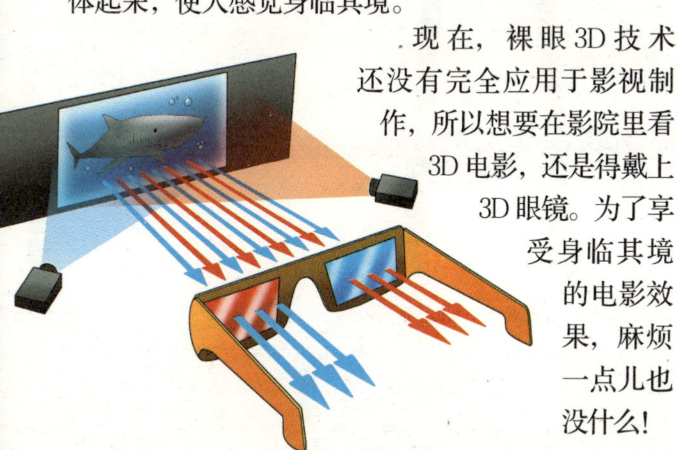

工程与技术

41 转基因是怎么一回事

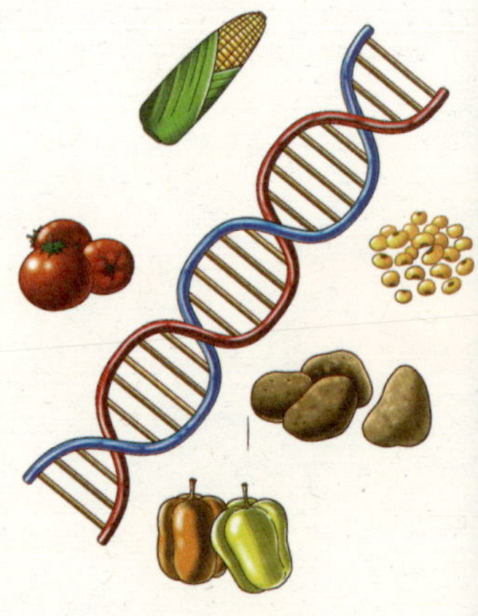

在日常生活中，我们也常会听到关于转基因的议论，那么，什么是转基因？为什么人们会这么关注转基因呢？

其实，所谓转基因，就是利用分子生物学技术，将某些生物的基因转移到其他物种中去，改造生物的遗传物质，使其在性状、营养品质、消费品质等方面向人类所需要的目标转变。以转基因生物为直接食品或为原料加工生产的食品，就是转基因食品。

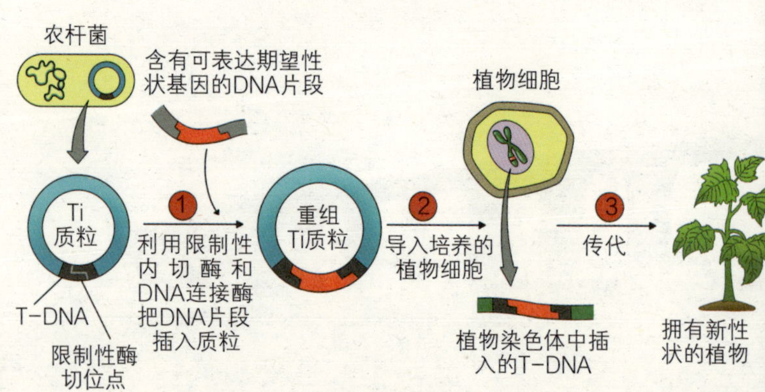

转基因技术

美国是转基因食品最多的国家，60%以上的加工食品含有转基因成分，90%以上的大豆、50%以上的玉米和小麦是转基因的。

转基因的动物和植物由于其基因经过科学的调整和改变，在生长性状上有明显的优势，如优质高产、抗虫、抗病毒、抗除草剂、改良品质、抗逆境生存等。

我们对于转基因的关注主要来自对自身健康的担忧，不过目前还没有研究报告证实转基因食品给人体带来了疾病。许多国家会强制性要求对转基因生物产品进行标注，在美国和加拿大则采取自愿标识的政策，市场上的转基因食品和传统食品完全不会被区别对待。

转基因技术虽然引起了一些争议，但是也不能全盘否认它给我们的生活带来的便利和效益，所以我们应该理性对待转基因，不需要因此而过分焦虑、恐慌。

知识链接

转基因技术是基因工程的一种手段和方法，基因工程包括转基因技术。

42 有必要谈“核”色变吗

1945 年 8 月，两颗原子弹终结了第二次世界大战。人类在迎来世界和平的同时，也被核武器的巨大威力深深震撼。核能技术发展至今，虽然带来了巨大的效益和便利，但也因为苏联切尔诺贝利、日本福岛等核电站的核泄漏事故而给人类社会留下难以抚平的伤痛。于是，在有些人看来，“核”几乎和“恐惧”画上了等号，不过，真的有必要谈“核”色变吗？

核安全问题一直是人们关注的焦点，在利用核能时，决不能在安全问题上有丝毫松懈。值得庆幸的是，科学家已经认识到这一点，并不断调整研究的方向，中国的核能源产业，更是将“以人为本”作为根本原则。

核电站

我国的核电产业秉承着“虚心求教”的优良传统，广泛学习世界各国核能发展的先进技术和设计理念，汲取它们暴露出来的问题和教训，从而未雨绸缪进行再次创新。“华龙一号”就是一个典型的例子，它是我国自主创新的第三代核电品牌，采用多重冗余的安全系统、单堆布置、双层安全壳等，全面贯彻了“纵深防御”的设计原则，安全指标和性能指标均达到国际先进水平。

在选址上，建造核电站的厂址必须经过严格的精挑细选，能最大限度规避外部灾害产生的不利影响，并且采用最高的安全标准。在这一点上，日本福岛核电站因地震和海啸引起的泄漏事故，就是典型的反面例证。

近20年的核电安全运行，证明了中国核电产业的运行安全业绩在全世界也是屈指可数的。优秀的运行业绩不断吸引着最优秀的人才投身核电领域，而这些人才又为中国核电的发展贡献更先进的理念，研发更先进的技术，形成了良性循环。

由此看来，我们真的不必谈“核”色变，而应更多了解核能的原理、知识、技术、理念，为建设更安全、更高效的核能系统贡献自己的力量。

拓展

快堆技术

快堆是主要由快中子引起裂变链式反应的反应堆。快堆技术提高了核燃料的利用率，可实现核废料的循环利用，是我国发展第四代核能的关键技术。

43 滑板也能像魔毯一样浮起来吗

悬浮滑板像魔毯一样浮在空中，这个在科幻影片《回到未来2》中的场景已经成为现实。

磁悬浮滑板通过四个内置的悬停引擎使滑板悬空，自我推进模式的设计，使滑板通过改变引擎的磁场作用力方向而进行移动，从而带动整个滑板飘浮起来。

磁悬浮技术以磁的特性和电磁原理为基础，集电子技术、控制工程、信号处理、机械学、动力学为一体。磁悬浮列车使用的就是磁悬浮技术，它在行驶时，不像普通列车那样需要接触地面和轨道，而是悬浮于轨道之上，因此车体只受空气阻力的影响。这就使磁悬浮列车大大提速，其最高速度可达500千米/时，比高铁还要快得多。磁悬浮技术包括常导磁悬浮和超导磁悬浮，其中超导磁悬浮采用了超导材料，能使列车悬浮得更高，速度也更快。

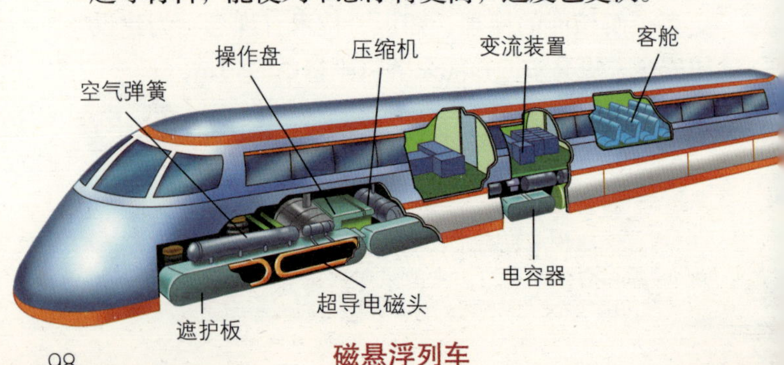

磁悬浮列车

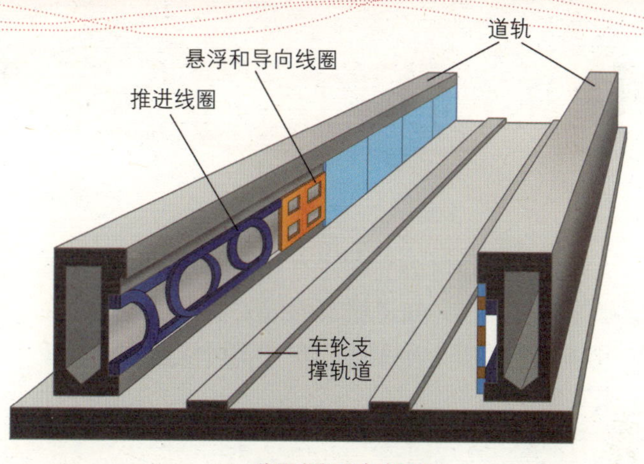

磁悬浮列车轨道

20 世纪 70 年代以后，为满足世界工业化和经济发展的需要，德国、日本等发达国家开始筹建磁悬浮运输系统。中国上海浦东国际机场至地铁龙阳路站磁悬浮列车系统也于 2002 年正式启用。

磁悬浮列车具有高速、环保、经济、舒适的优点，但它依赖电力、制动性能较差的缺点却一直没有得到很好的解决，相信在未来，磁悬浮列车一定能得到进一步完善，成为我们出行的最佳选择。

知识链接

法拉第

（1791—1867）

英国物理学家、化学家。生于一个贫苦铁匠家庭，仅上过小学，后自学成才。1831年做出了关于电磁场的关键性突破，他的发现奠定了电磁学的基础。

44 智慧城市智慧在哪里

在家就能知道公交车还有几站到站，知道楼下的哪盏路灯坏了，知道城市的治安情况……这些在10年前我们想都想不到的，现在都可以通过智慧城市来实现。

智慧城市运用物联网、云计算、大数据、空间地理信息等新一代信息技术，感测、分析、整合城市运行核心系统的各项关键信息，对包括民生、环保、公共安全、城市服务、工商业活动在内的各种需求做出智能响应，提高物与物、物与人、人与人的互联互通、全面感知和利用信息的能力。

世界上第一座智慧城市是美国的迪比克城。它利用物联网技术，在一个拥有6万居民的社区里将

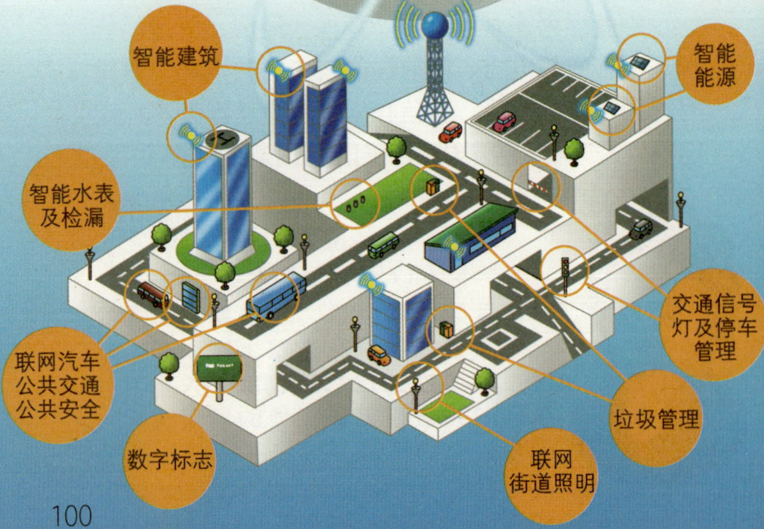

各种城市公共资源（水、电、油、气、交通、公共服务等）联接起来，对各种数据进行监测、分析和整合，并做出智能化的响应，从而提高政府管理和服务的能力，降低城市的能耗和成本，使其更适合市民居住和商业发展。

智慧城市现已在我国以及美国、欧盟各国、韩国、日本、新加坡等国家获得发展，多个城市均实现了智慧式管理和运行。

可以预见，在不久的将来，一座座绿色、便捷的智慧城市将展现在我们面前。有序的交通、绿色的楼宇、良好的水处理技术、智能化的供电系统、智能家居……都将成为现实，使我们的生活更便捷、更舒适。

拓展

智慧地球

“智慧地球”的概念最早由IBM提出，指把感应器嵌入和装备到电网、铁路、桥梁、隧道、公路、建筑、供水系统、大坝、油气管道等各种物体中，形成物联网，然后将其与互联网整合起来进行操控，实现人类社会与物理系统的整合。

45 可穿戴设备会取代智能手机和电脑吗

戴上智能手环，你就可以知道自己的锻炼、睡眠和饮食情况，甚至出门都不用带公交卡，直接刷手环就可以，是不是很酷？

智能手环是可穿戴设备的一种。可穿戴设备即直接穿在身上，或是整合到用户的衣服或配件上的便携式设备。主流的产品形态包括以手腕为支撑的设备（包括手表和腕带等产品），以脚为支撑的设备（包括鞋、袜子或将来的其他腿上佩戴产品），以头部为支撑的设备（包括眼镜、头盔、头带等），以及智能服装、书包、拐杖、配饰等。可穿戴设备不仅是一种硬件设备，它还可通过软件支持以及数据交互、云端交互来实现强大的功能，如定位、通话、对运动或健康状态的实时监测，甚至执行支付功能。

纵观电子产品的发展历史，智能手机代替传统手机，笔记本电脑和平板电脑代替台式电脑，都说明了智能和便捷是符合人类使用习惯的发展趋势。智能可穿戴设备将人体作为大数据时代的入口，是人的智能化延伸。在智能网络的辅助下，人们可以更好地感知外部与自身的信息，实现无缝交流，因此智能可穿戴设备是未来的发展趋势。

目前智能可穿戴设备还处在发展的初级阶段。以智能手表为例，它的硬件、软件和功能与智能手机相比并不具有足够的颠覆性和扩展性优势。此外，设备的充电续航时间短、成本和售价偏高等问题都是制约其发展的因素。未来可穿戴设备的主要创新路径是时尚型和功能型。时尚即注重外观设计，功能即满足使用者的特定需求，如在运动、健康、安全等领域发挥作用。

智能眼镜
智能眼镜可以帮你拍照或者录像，并能立刻分享到互联网。整个操作过程只需要手指轻点或者通过语音口令控制

可以打电话的手套
喇叭在大拇指上，话筒在小指上。就这么简单

健康监测绷带
可以绑在手臂上，同时检查心率和胆固醇含量

智能手表
能同步手机中的电话、短信、邮件、照片、音乐等

腕带
热量监测腕带，可以使你的健身计划更有效率

可随时变化的服装
这种衣服可以随时发光、变色、显示广告，甚至变成透明的

能联网的装饰品
珠宝、皮带、手镯等，都可以联网，实时监测你的卡路里摄入量，并且将数据发送到云端

高科技织物
比如长袜，可以将你体表的蒸汽转化成热量

从头到脚的智能可穿戴设备

46 楼房也能变成农场吗

随着社会飞速发展和城镇化进程的加快，城市渐渐挤占了乡村，大量农田改造为宅用地。但是，吃饭永远是人们要解决的首要问题，有没有办法让高楼大厦也能变成农场呢？

除了原本就被当作“空中花园”的阳台，楼房的外墙也应该好好利用起来。楼体的高度决定了其外墙能接受更多阳光照射，根据高低错落的不同位置，安置对光照需求不同的作物，不仅丰富了品种，还能为墙面披上一件漂亮的绿色外衣。

阳光充裕，引水也不成问题，作物生长的三大要素满足了两个。那么，土壤呢？人们想出了水培的办法——在水中滴入营养液，浸没植物根部，并给予适当的光照，保证适宜的温度、湿度，这样植物不但可以离开土壤生长，而且养分利用率和吸收率也提高了。同时，没有土壤的植株更加干净清爽，即使是蔬菜水果，也完全不输那些名贵花卉，作为家居装饰，别具风情。

除了在栽培技术上有所变革，科学家也对适宜“城市农场”的作物品种进行了改进。已经研发出的矮玉米和矮小麦，都能进行密度较大的种植，更适合在楼房外墙和阳台、屋顶种植，也能够有效提高产量。如今，粮食产量仍严重短缺，在城市里种菜种粮这种**立体农业**，能够有效利用空间种植作物，在一定程度上减轻农业生产的压力，早已不只是娱乐休闲。

除了立体农业，许多其他新型农业也正在蓬勃发展，比如，**精准农业**采用遥感技术和 GPS 技术对农作物进行监控，不间断地了解农作物的需求，精准把控土壤条件和实施作物管理，实现利益最大化；**旅游农业**将农业与旅游业结合到一起，让远离土地的城市居民体会乡村风光，多角度对农业进行充分利用；等等。农民扛着锄头下地的时代早已一去不返，取而代之的是科学、健全、可持续的农业发展。我们期待着，不论城市还是乡村，都能迎来金秋的丰收。

47 小纳米如何创造“大”未来

纳米和国际单位制中的**米**一样，都是**长度计量单位之一**，1 纳米等于 10^{-9} 米。一根头发丝的直径是 6 万~10 万纳米，如果一个汉字的写入尺寸为 10 纳米，那么在一根头发丝的横截面上就可写入 8000 字！

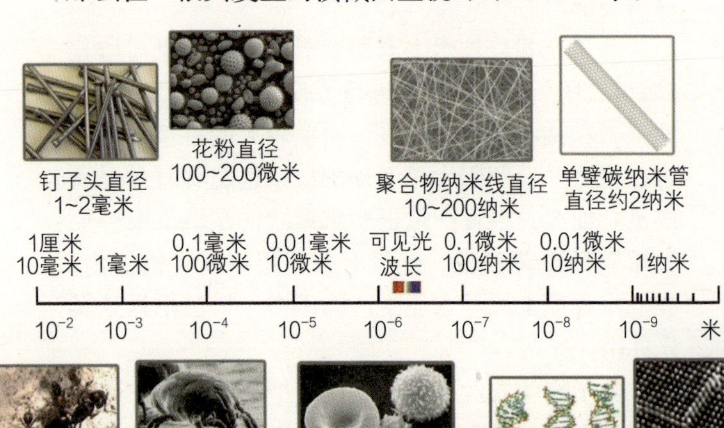

常见微小物体与纳米尺度物体的对比

纳米的“小”带来的不仅是无限的空间，同时也带来了奇特的性能。如金块的熔点是 1064℃，而直径 2 纳米的金纳米颗粒不到 327℃就可以熔化；陶瓷脆弱易碎，而纳米级的陶瓷却具有很好的韧性和延展性；原本具有良好导电性的银，在粒径小于 20

纳米时却变成了绝缘体……随着纳米研究的不断深入，一种具有划时代意义的科学技术——纳米科技诞生了。

纳米科技为现代工业带来巨大变革。超高速运行的处理器和超大容量的存储器是纳米技术在电子信息产业中应用的结果，采用碳纳米管和石墨烯制成的晶体管，具有高效率低能耗的特点。纳米滤膜、纳米杀菌粒子、纳米自清洁材料等已经在环保和日用品行业得到应用。美国科学家研发的预防感冒的服装布料里添加了一种纳米微粒，能够侦测并且“抓住”飘浮在空气中的病毒和细菌。基因疗法和分子级纳米药物载体等纳米技术，为生物医药产业开拓了广阔前景。纳米材料太阳能电池大幅提高了可再生能源的采收效率。此外，纳米技术还具有微型化、高效化等特点，能大大减少能源的消耗，降低环境污染，为解决人类目前面临的日益严峻的环境、人口、健康等问题带来新希望。

拓展

纳米艺术是伴随纳米科技发展而派生的一种新的艺术形式。

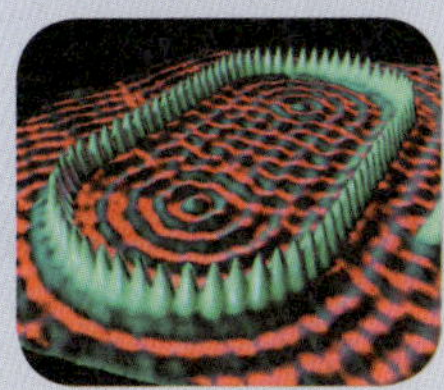

科学家使用扫描探针显微镜（SPM）推动铁原子，在铜晶体表面围成世界上最小的足球场

48 港珠澳大桥如何缔造世界桥梁工程奇迹

2018年10月23日，港珠澳大桥开通仪式在广东珠海举行。港珠澳大桥是连接香港、珠海、澳门三地的大型跨海通道，全长55千米，集桥、岛、隧为一体，是世界上最长的跨海大桥。大桥将粤港澳三地纳入“一小时生活圈”，三地人民“你中有我，我中有你”，形成一家亲，成为一家人。

港珠澳大桥主体桥梁工程以其耐久环保、高品质、高质量、可持续等特点，荣获国际桥梁与结构工程协会（IABSE）评选的2020年度“杰出结构工程奖”。英国《卫报》盛赞港珠澳大桥为“新的世界七大奇迹”之一。

港珠澳大桥的建设包括3项内容：一是海中桥

隧主体工程；二是香港、珠海、澳门三地口岸；三是香港、珠海、澳门三地连接线。其中，海中桥隧主体工程由三地政府共建共管，其范围起自珠澳口岸，终于粤港分界线，长约 29.6 千米，采用桥—岛—隧集群方案，包含约 6.7 千米沉管隧道和 22.9 千米跨海桥梁，为实现桥梁和隧道转换，隧道两端各设置一个海中人工岛。

珠江入海口区域地处亚热带海洋性季风气候区，常年高温、潮湿，外海作业受台风影响十分频繁；该海域基岩埋藏在海床面下 50 ~ 110 米，软弱地层深厚，为保证珠江水系防洪纳潮，海中结构物的阻水率必须控制在 10% 以内；珠江口海域是国内最繁忙的海上交通区段之一，最大航运日流量超过 4000 艘次；该海域还设有中华白海豚国家级自然保护区，环境敏感点众多，海洋水质和生物保护要求高。

港珠澳大桥正是在这样一个颇具挑战性的环境下实施的超级工程。工程集桥梁、海底隧道、人工岛于一体，设计使用寿命达 120 年，技术标准高于同类工程，建设难度极大，必须依靠科技创新，把生态环保放在重要位置，实现关键技术、关键设备、装备的重大突破，以确保工程的顺利实施。

东人工岛全景

港珠澳大桥在岛隧工程方面取得了领先世界的成果。

两个人工岛地处开敞海域，岛体全部位于约 30 米厚的软基之上，是迄今为止我国建设速度最快的离岸人工岛工程。共采用 120 组深插式钢圆筒形成两个人工岛围护止水结构，单个圆筒直径 22 米，高度 40 ~ 50 米，重约 500 吨。通过采用创新技术，两个人工岛在 215 天内即完成了岛体成岛，与传统抛石围堰工法相比，施工效率提高了近 5 倍，且海床开挖量大幅减少，对海洋的污染也降至最低。

港珠澳大桥海底隧道是我国首条在外海建设的超大型沉管隧道，海中沉管段长达 5664 米，由 33 节管节组成，标准管节长 180 米，重约 8 万吨，最大作业水深 46 米。33 个巨型管节全部采用先进的

西人工岛最后一个钢圆筒打设

“工厂法”生产，在距离隧道轴线约 7 海里的桂山牛头岛预制厂中完成预制，然后整体拖运到工程现场进行沉放。与传统的“干坞法”相比，“工厂法”可形成流水线生产模式，实现全年 365 天不间断流水生产，管节预制效率和质量大幅提升，代表了未来大型构件大规模生产的技术趋势。

管节预制厂全景

49 盾构机如何拓展地下空间

很多人有乘坐地铁的经历，那么，地铁的隧道是如何打通的呢？“钻地神器”盾构机功不可没！

盾构机是一种高科技隧道施工装备，有“工程机械之王”的美誉。它广泛应用于市政地铁、铁路公路、共同管廊、国防设施、水利水电、矿山隧道等领域，是一个国家科技水平和装备实力重要的标志性产品。

每台盾构机都是一个庞然大物，最短几十米，最长 100 多米，重量以“吨”为单位计算。盾构机从生产车间下线后，厂家会将其拆装，运到施工现场，然后组装调试，一切都确保无误，盾构机才能始发工作。

在“彩云号”盾构机巨大的刀盘上，一只以橙、黄、蓝、绿、紫五色绘出的巨幅孔雀展翅欲飞

盾构机沿隧洞轴线向前推进，对土壤进行开挖切削，挖掘出来的土碴被输送到后方。盾构机圆柱体组件的壳体即护盾，对挖掘出的还未衬砌的隧洞段起着临时支撑的作用，承受周围土层的压力，有时还承受地下水压以及将地下水挡在外面。挖掘、排

世界最小直径3.53米双护盾硬岩掘进机

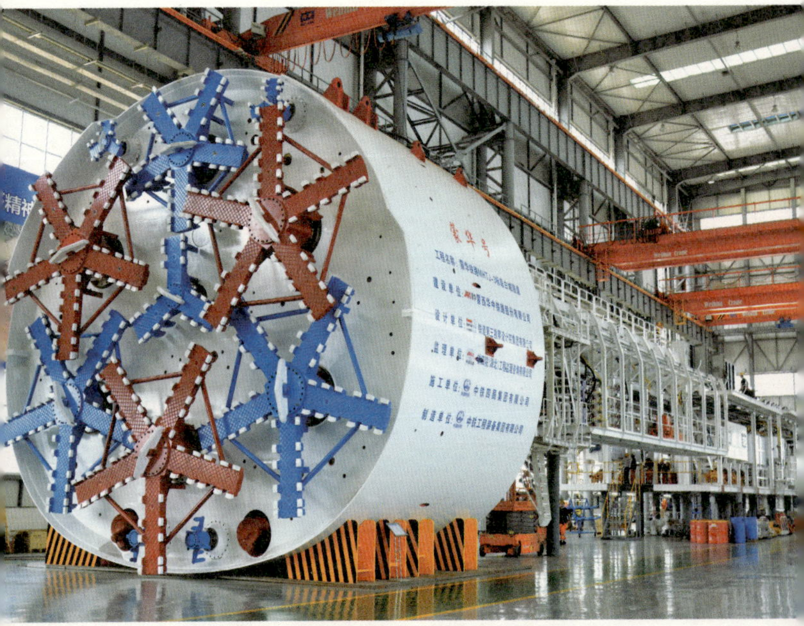

世界首台马蹄形盾构机

土、拼装隧道衬砌等作业，都在护盾的掩护下进行。盾构机只能前进不能后退。盾构机完成掘进出洞，工人们再将其拆装运走。

盾构机的设计灵感来自船蛆。船蛆是一种软体动物，穴居在木制船舶里，能分泌一种液体涂在孔壁上形成保护壳，以抵抗木板潮湿后发生的膨胀。18 世纪末，英国人在伦敦修建横穿泰晤士河的隧道时，遇到非常棘手的工程问题。在英国工作的法国工程师布鲁诺尔受船蛆钻洞的启发，提出了盾构掘进隧道的原理。1823 年，布鲁诺尔制成了世界上第一台盾构机。

盾构机是人类历史上隧道施工的一大技术突破，19 世纪末至 20 世纪中叶，盾构技术相继传入美国、法国、德国、日本等国，并得到不同程度的发展。

我国在很长一段时间里，主要使用从国外引进的盾构机进行隧道施工。2008 年，我国才拥有了首台具有自主知识产权的盾构机“中铁一号”。短短十多年间，我国从进口盾构机到批量出口盾构机，实现了盾构装备的逆袭。未来，我国盾构机将勇往直前，为世界拓展更广阔的地下空间。

50 飞向太空，我们的征途有多远

我国古代就有嫦娥奔月的美丽传说、夸父逐日的动人神话、牛郎织女的凄美故事，以及敦煌壁画中千姿百态的飞天图景。现代宇宙航行学的奠基人、航天学和火箭理论的奠基人康斯坦丁·齐奥尔科夫斯基曾说:“地球是人类的摇篮，但人类不可能永远被束缚在摇篮里。”

1992 年，中国载人航天工程正式启动。1999 年 11 月 20 日，第一艘试验飞船“神舟一号”在酒泉卫星发射中心发射升空，21 小时后，飞船成功着陆，中国载人航天工程首飞取得圆满成功。随后，相继发射了“神舟二号”“神舟三号”“神舟四号”3 艘飞船，飞船的各项性能得到不断完善，为载人航天飞行奠定了坚实的基础。

2003 年 10 月 15 日，“神舟五号”载人飞船在酒泉卫星发射中心发射升空，飞船载着中国飞天第一人——杨利伟在太空遨游 14 圈后，安全着陆于内蒙古自治区乌兰察布市四子王旗。中华民族的千年飞天夙愿一朝梦圆！

2008年，中国载人航天事业又迈出了重大一步。2008 年 9 月 25 日，翟志刚、刘伯明和景海鹏三名航天员驾乘“神舟七号”飞船冲破夜空的寂静，一飞冲天。27 日，航天员翟志刚打开飞船轨道舱舱门，迈出中国人漫步太空的第一步，他挥舞国旗，在太空中向世界问好。此举使我国成为世界上第三个独立掌握空间出舱活动关键技术的国家。

2016 年，载人航天空间实验室飞行任务拉开大幕。2016 年 6 月 25 日，“长征七号”一飞冲天，完成新一代中型运载火箭和海南文昌新型滨海发射场的首秀之战。2016 年 9 月 15 日，“天宫二号”空间实验室在“长征二号”FT2 火箭的托举下飞入太空，这是中国第一个真正意义上的太空实验室。

2020 年 5 月 5 日，“长征五号”B 运载火箭在海南文昌首飞成功，正式拉开中国载人航天工程“第三步”建造空间站任务的序幕。2021 年 4 月 29 日，“天宫”空间站“天和”核心舱成功发射。2021 年 6 月至今，“神舟”系列载人飞船顺利将多批次航天员送入太空，中国空间站步入有人长期驻留时代。2022 年 11 月，中国空间站三舱形成平衡对称的“T”字构型，具有里程碑意义的“合体”顺利完成。

人类的航天活动可以分为三个部分：卫星应用、载人航天和深空探测。人类进行深空探测的第一站，就是距离地球最近的天体——月球。

我国探月工程有一个非常浪漫的名字——“嫦娥工程”。作为国家重大科技专项的标志性工程，探月工程规划了“绕、落、回”三步走目标，分为探月工程一期、二期和三期实施。

2004 年 1 月，探月工程一期正式实施。2007 年 11 月 26 日，“嫦娥一号”卫星传回第一幅月球图片

2016年9月15日“天宫二号”空间实验室成功发射

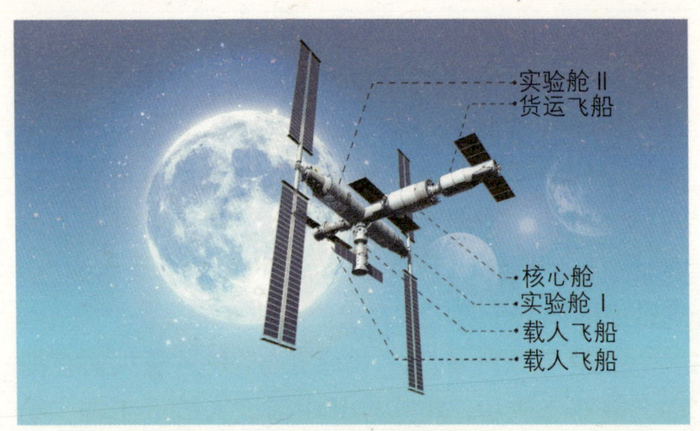

中国空间站示意图

数据，标志着探月工程一期任务圆满完成。

2010 年 10 月 1 日，“嫦娥二号”成功发射，在轨探测 6 个月后，飞赴日地拉格朗日 L2 点进行环绕探测，之后对图塔蒂斯小行星进行飞掠探测，成为我国首颗绕太阳飞行的人造小行星，创造了中国航

2007年10月24日“嫦娥一号”成功发射

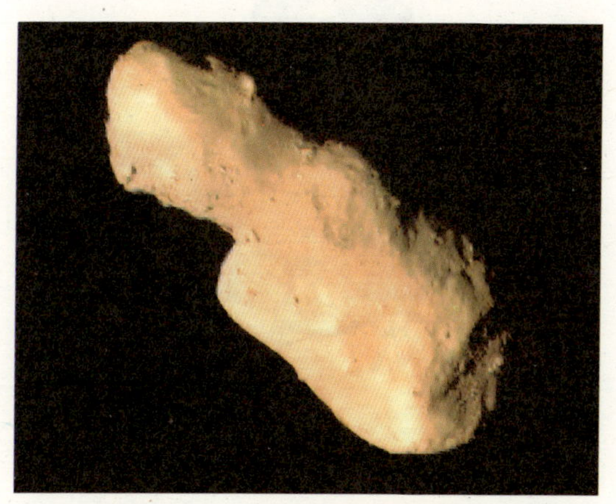

“嫦娥二号”拍摄的图塔蒂斯小行星

天器的最远飞行纪录。

2013 年 12 月 2 日，“嫦娥三号”成功发射，12 月 14 日探测器安全着陆，“嫦娥三号”实现了我国首次、世界第三次地外天体软着陆。

2011 年 1 月，探月工程“绕、落、回”三步走

“嫦娥三号”的“玉兔”月球车

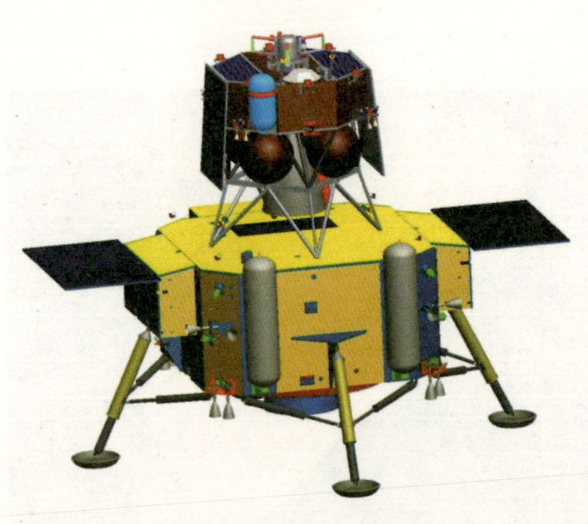

“嫦娥五号”探测器

最后一步“回”正式启动，目标是实现月面采样返回。2020 年 12 月 17 日，“嫦娥五号”返回器携带着 1731 克月球样品返回地球，标志着中国首次地外天体采样返回任务圆满完成，实现探月工程“绕、落、回”三步走的最后一步“回”。

2020 年 7 月 23 日，“天问一号”探测器成功发射。2021 年 5 月 15 日，中国首辆火星车“祝融号”与着陆器成功登陆火星并开展巡视探测。2021 年 6 月，由“祝融号”火星车拍摄的着陆点全景、火星地形地貌、“中国印迹”和“着巡合影”等影像图发布，标志着我国首次火星探测任务取得圆满成功。

2021 年 10 月 14 日，中国首颗太阳探测科学技术试验卫星“羲和号”成功发射。2022 年 10 月 9 日，综合性太阳探测卫星“夸父一号”在酒泉卫星发射中心发射升空，正式开启对太阳的探测之旅。

浩渺宇宙，星辰大海。我们渐行渐远，探索永无止境！

首次火星探测任务工程示意图

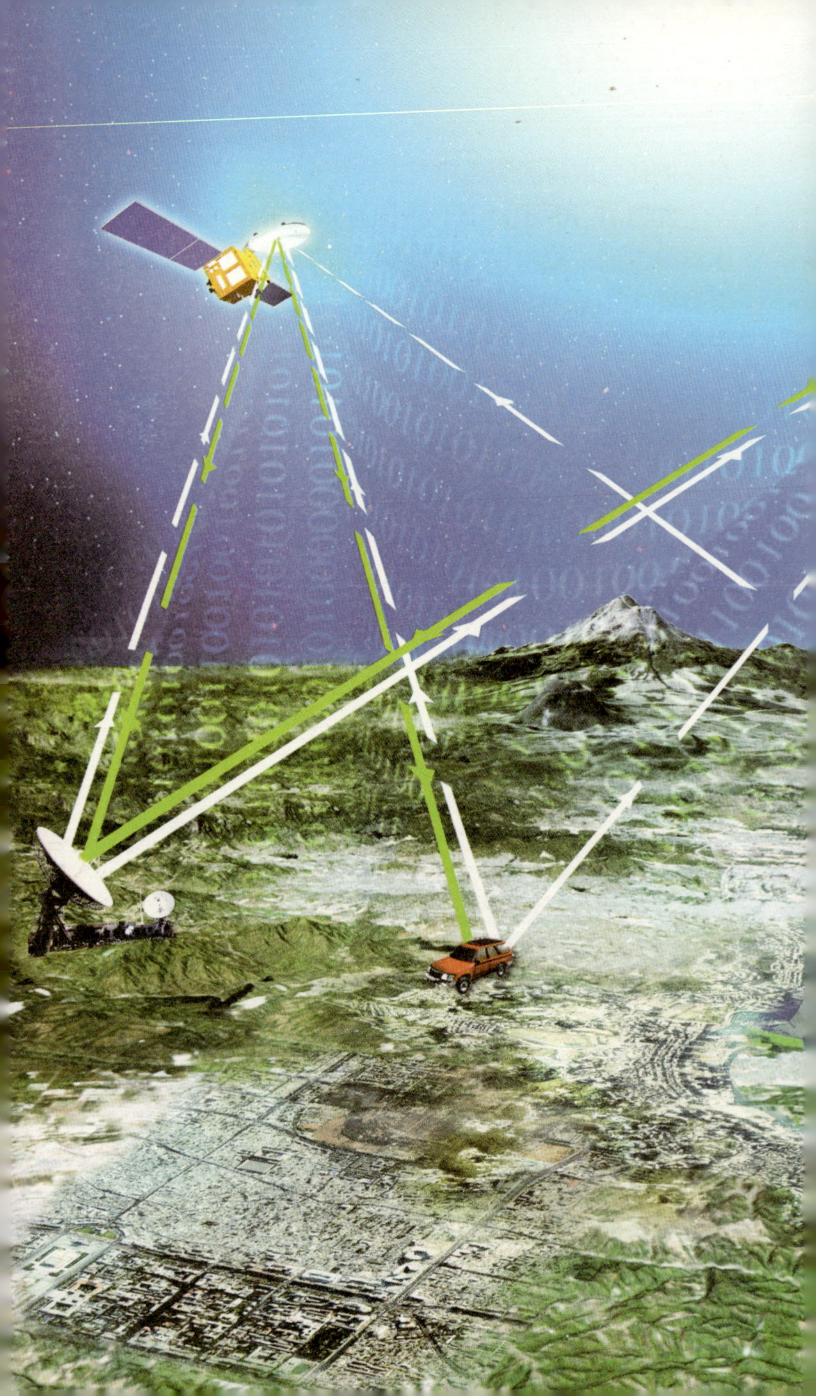

科技与社会

51 诺贝尔为什么设立和平奖

诺贝尔纪念币

第一届诺贝尔奖获奖名单在1901年揭晓，迄今已经延续了一个多世纪，共分设了物理、化学、生理或医学、文学、和平五个奖项。诺贝尔奖的创立者——瑞典化学家阿尔弗雷德·诺贝尔（1833-1896）生前一直致力于科学发明，同时对文学也极为感兴趣，因此设立前四种奖项并不奇怪，但他为什么会设立和平奖呢？

普法战争

诺贝尔经历了欧洲格局较为混乱的时期，拿破仑战争、克里米亚战争、普法战争等多场战争都爆发于这一时期。他发明的炸药，在军事上得到广泛应用，同时造成了更多人的伤亡。这与诺贝尔想通过发明威力强大的炸药制止战争的想法是完全背离的。因此，不难想象为什么爱好和平的诺贝尔会在遗嘱中设立和平奖，以倡导人们以和平为目的利用科学技术。

创造原子弹的科学家也遇到了与诺贝尔发明炸药时的相同困境。作为推动美国原子弹研究的第一人，爱因斯坦在得知日本广岛遭原子弹轰炸后，对自己曾经建议美国总统罗斯福研制原子弹感到非常后悔。原子弹变成人类自我毁灭的工具，对那些曾经参与或关注过原子弹研究和制造的科学家产生了巨大震动，他们大多对此怀有深深的忏悔和自责。

科技的发展对人类社会的进步产生了巨大的推动作用，但科技是把双刃剑，它的不当使用不仅不能造福于人类，反而会给人类带来巨大戕害。今天，当科技的发展日新月异时，重温诺贝尔和爱因斯坦当年的心路历程，无疑会带给我们更多关于科技与社会的思考。科技本无所谓对与错，它带给人类的是利还是弊，取决于人类的智慧与理性。

52 机器人有可能主宰地球吗

在2004年美国上映的电影《我，机器人》中，有一种NS-5型高级机器人装载了控制程序，但随着机器人运算能力的不断提高，它们学会了独立思考，并且自己解开了控制密码，从而成为一个完全独立的、能与人类并存的高智商机械群体，并且随时会转化成整个人类的机械公敌。在现实中，这种情况有可能发生吗？

让机器像人一样思考，是人们长久以来的梦想。与此相关的一门极富挑战性的科学，人们通常称之为“人工智能”。随着科技的发展，让机器也能够拥有意识、情绪这样的特质，已经不再是幻想。

关于机器人（非生物系统）是否能够拥有自主意识、与人类媲美乃至超越人类的智慧，一直有着很多激烈的争论，并且引发了一系列哲学上的探问。比如，我们有理由相信无机生命（机器）会发展出与有机体类似的生存和竞争意识吗？有朝一日机器会不会自己设计、制造并操作不遵循人类准则的新型机器？人类的道德准则是否该应用于机器？这些话题不仅常常在科幻小说和科幻

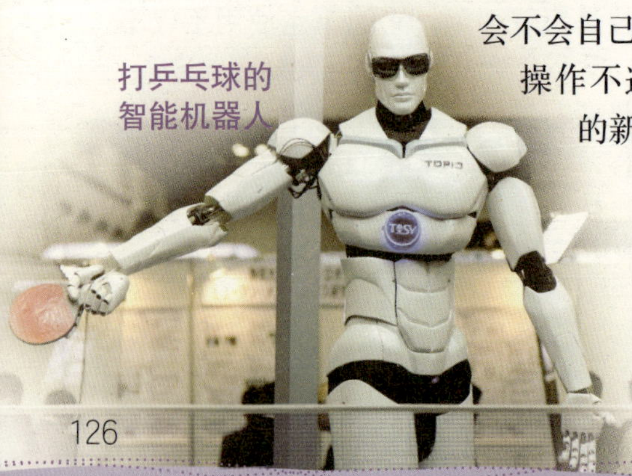

打乒乓球的智能机器人

在餐厅服务的智能机器人

电影中出现，越来越多的学者也已经发表言论或者著书发出了警示。

人们有这样的担忧是有道理的。科技促使机器的智能化水平越来越高，但我们并不知道哪里是危险的边缘。至少在目前的认识水平上，人们对这一临界点还很难把握。而且，更重要的一点在于，我们再不能以看待过去的视野，去理解必将超越它的事物了。

拓展

外骨骼系统Elegs利用人工智能，通过一套拐杖了解使用者的手臂姿势，可以帮助截瘫患者行走或复健，从而摆脱轮椅的束缚。

知识链接

机器人三定律

（1）机器人不得伤害人类，或坐视人类受到伤害；

（2）除非违背第一定律，机器人必须服从人类的命令；

（3）在不违背第一定律和第二定律的前提下，机器人必须保护自己。

53 星座能决定性格与命运吗

“水瓶座爱好自由和个人主义，处女座拥有小心、谨慎、沉静和羞怯的性格，金牛座外表温驯，但内心充满欲望……”这些我们耳熟能详的星座性格，每天都充斥在我们周围，甚至有人认为星座算命可以反映出我们现在和将来的命运走向。占星术真的可以决定我们的性格与命运吗？

想知道星座预言可不可靠，就要先知道星座是怎么来的。古代人为了方便辨认星星，把位置比较靠近的星星归成一组，这样一组星星就叫作一个星座。公元前 13 世纪，古代巴比伦人把黄道附近的星

美丽的夏日夜空

座确定为12个，依次称为白羊座、金牛座、双子座、巨蟹座、狮子座、室女座、天秤座、天蝎座、人马座、摩羯座、宝瓶座和双鱼座。现在大家常说的“水瓶座”“处女座”等，并不是规范的天文学名词。

如今国际上通用的星座体系，是国际天文学联合会于1928年在古代星座的基础上最终划定的。它一共包含88个星座，每个星座都有一个明确的边界。其中，约有一半的星座以动物命名，1/4以希腊神话人物命名，还有1/4以仪器和用具命名。

中国古代也有自己独特的星空划分体系。早在周朝以前，人们就把群星划分成许多星官，意思大致和星座相仿。后来，又进一步演变为“三垣二十八宿”的星空体系。

由此可见，无论古今中外，星座如何划分和命名，完全是由人决定的。而占星术却宣扬人的性格与命运由星座决定，这不就完全本末倒置了吗？对于这种毫无科学根据的迷信，我们当然应该摒弃。

知识链接

“三垣”是北天极周围的3个天空区域，“二十八宿”则是大致分布在黄道附近的28个天区。

54 水真的知道答案吗

近些年，一段关于水能辨别美与丑的奇谈在网络上广为流传：一杯再普通不过的自来水，面对“谢谢”这种礼貌美好的词汇，会结晶成美丽的六角形；面对“混蛋”这种不好的词汇，则无法结晶或者结晶成难看的形状……这段神奇故事来自一本日本图书《水知道答案》，这本书也因此成为不少人的心灵鸡汤，并在科普图书畅销榜上高居不下。水真的能看（听）懂人的语言，并能区分真假善恶吗？

事实上，水结晶成什么形状只和温度与湿度有关，在 -15℃左右，水会倾向于结成六角形、树枝状的美丽结晶。随着温度升高，结晶会融化，这时我们通过显微镜就可以观察到结构被破坏了的结晶。《水知道答案》的作者正是把水的结晶条件（温度和湿度）调包为听到消息的好坏，来迷惑读者的。

类似《水知道答案》这种顶着科学光环的伪科学还有不少，水变油、吃绿豆治百病……不一枚举。在《水知道答案》的诞生地日本，长期从事科学教育工作的左卷健男教授出版了一本针锋相对的书《水不知道答案》（中文版由科学普及出版社出版），揭

开了《水知道答案》一书作者的真实目的——用 π 水、磁化水等所谓“健康饮水”的概念迷惑公众，牟取利益。这些“健康饮水”对人体的好处，往往只是一些空泛的体验谈，缺乏医学上的临床实证。

在生活中，我们怎样才能练就一双火眼金睛来辨别伪科学呢？下面我们就来看看科学与伪科学的特点，参照下表进行分析后就能够真伪立现了。

科学与伪科学的特点

	科　学	伪科学
动　机	热爱科学，为帮助大家追求真理而进行科学传播	带有功利的目的性，牟取暴利或是满足自己的虚荣心
方　法	基于逻辑、数学的推理或大量的可对照、可重复性的科学实验得到，成果主要发表在学术期刊上	基于道听途说的荒诞故事，片面地寻找支持它的理论，没有综述、标准以及重复性检验
准确性	经受平等的审阅和严格的检查来验证其真实性和精确性	拒绝精确性的要求
全面性	错误也会被认真地研究，因为有时错误的理论也可以得出正确的预言	错误和失败被千方百计地忽略、狡辩、隐藏和遗忘
可证伪性	科学是不断进步与发展的，其正确性是在一定条件下满足，并不是无所不能的	没有进步，不管证据如何，最初的想法永远不会被抛弃
目的性	从不支持或推销任何未经证实的实践和产品	依靠问题产品谋生，或是提供伪科学服务

55 科幻离现实有多远

1987 年，在科幻剧《星际迷航：下一代》中，光滑扁平具有未来感的平板电脑使人大开眼界。30 年后，乔布斯把它变成了现实。如今你可以看到各种各样的人正在使用着这一摩登数字时代的新宠。乔布斯并不是科学家，但他团队中的研发工程师大多是追随着《星际迷航》系列电影长大的。一个工程技术人员，由于小时候阅读了某一部科幻作品，在心中埋下一个发明的种子，若干年后把它实现，这样的励志故事已经屡见不鲜。

科幻作品的视野往往要超前于现实世界，因为想象比实践总要来得更容易些。著名的天文学家开普勒在《梦》一书中想象了太空旅行者将会看到的真实情景，而苏联航天员加加林首次实现地外飞行则与之相隔了 300 多年。

不过，科幻并不担负预测现实的功能，很多时候，现实走在了科幻的前面。在凡尔纳著名的《海底两万里》成书之前，荷兰科学家范·德布雷尔就已经制造出一艘可潜入水下 3 ~ 5 米的潜艇。无独有偶，

《气球上的五星期》中的热气球，也早在作品问世的100年前便已经试飞成功了。

科幻的更大作用是激起人们的好奇心，使大家更热爱科学，乃至更热爱生活。在美国硅谷，几乎每一位工程师都是科幻迷。而最有名的科学杂志《自然》，也开辟了一个版面以供科学家写科幻小说。对科幻文学的重视，从侧面反映出一个国家的创新潜力，也充分印证了那句话："重要的技术突破来自能够激发出强大创新精神、能够燃起想象力和坚定的行动力，以及能够整合好所有资源的充满挑战的目标。"

56 科学与艺术是殊途同归的吗

在美国康奈尔大学的哲人小教堂里，有一组美丽的马赛克镶嵌画——《学习的领域》。哲学女神在中间，科学女神和艺术女神分列两旁。科学、哲学、艺术这三位女神代表了人类追求的三个终极目标——真、善、美，即科学为真、哲学为善、艺术为美的最高境界。

高更名作《我们从哪里来？我们是谁？我们向何处去？》
这件作品把文明人内心的迷惘、忧伤和焦虑表达出来，同时也体现了高更对生命意义的追问

人们通常以为，科学是理性的王国，秉持的是严谨的逻辑思维，而艺术是感性的王国，秉持的是浪漫的形象思维，两者似乎并不搭界。

实际上这是一种误会，科学与艺术都源于自然，同样是人类认识和探求自然真善美的手段，它们分别通过不同的方式对自然进行观察，表现出自然的状态，探究和回答共同的问题。科学与艺术是理性

和感性的互相渗透，两者相互促进、相互影响；它们也都需要想象，需要灵感，其发展都根植于时代的人文精神。

科学与艺术就像是一个硬币的正反面。

——李政道

科学与艺术，在山脚下分手，在山顶上会合。

——福楼拜

意大利文艺复兴时期最负盛名的艺术大师列奥纳多·达·芬奇，就在科学领域和艺术领域均取得了惊人的成就，除了创作出大家熟知的《蒙娜丽莎》和《最后的晚餐》等传世佳作外，他的眼光与科学知识水平超越了他的时代。1482—1514 年，他设计出了许多飞行器械，包括滑翔机、直升机和降落伞的雏形。他在笔记本里留下的许多草图和文字记录，成为人类以后研究飞行的重要基础。

达·芬奇设计的飞行器

拓展

北京夏季、冬季奥运会的开幕式和闭幕式，均采用了大量世界尖端的新技术，呈现了一场科学与艺术的视觉盛宴。缓缓展开的书画卷轴是由 PG 灯“凭空创造”出来的；飞向夜空的梦幻五环，由 4.5 万颗 LED 在一张大网上描绘而成；巨型雪花形主火炬台由 96 块小雪花形态和 6 块橄榄枝形态的 LED 双面屏创意组成，浪漫唯美。

57 你希望有另一个克隆的你吗

在美国科幻电影《第六日》中有一个场景：当主人公回到家时，突然发现一个跟自己一模一样的人取代了自己，而他本人却被赶出了家门。如果这发生在你身上，你会作何感想？如今，人类克隆技术已经取得重大突破，克隆人体在技术上已经没有什么障碍。那么，科幻电影里的“第六日”真的会降临吗？

“克隆”是英语单词 clone 的音译，意为由一个细胞或个体通过无性分裂的方式增殖形成具有相同遗传性状的一群细胞或一群个体。生物体的每一个细胞里都包含着全部遗传信息，只是除了精细胞、卵细胞外，这些信息大都是关闭的，细胞也是特化的，也就是说肝细胞只能分裂成肝细胞，肾细胞只能分裂成肾细胞，皮细胞也只能分裂成皮细胞……不过，这些信息一旦被激活，那么一截发丝、一粒皮屑中的细胞都能复制出一个完整的个体。

克隆羊多莉

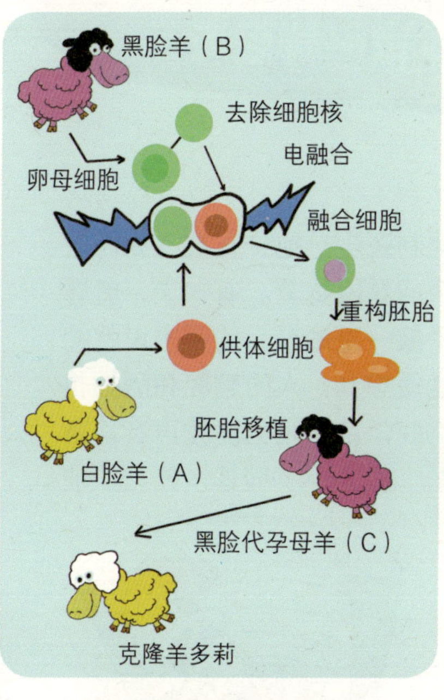

克隆羊多莉的诞生过程

克隆人牵涉道德伦理和法律等诸多问题，争议极大，目前许多国家已立法禁止克隆人。在科学家和公众越来越相信基因是生命的主宰的时代，克隆技术的出现和发展不能不让人忧心忡忡，因为在遗传学上完全一样的两个个体，势必会引发巨大的麻烦甚至悲剧。更何况，每个人的精神世界都是不同的，从这个角度来说，人人都是独一无二的，应该没有人希望出现一个克隆的自己。

知识链接

伊恩·维尔穆特（1944— ）

英国科学家。他第一个研制出通过无性繁殖产生的新一代克隆羊“多莉”，被誉为“克隆之父”。

58 如何像科学家一样思考

奥恩布鲁格是奥地利医生，他一直被“如何检查人的胸腔积水”这个问题困扰着。有一天，奥恩布鲁格看见父亲仅用手敲一敲酒桶，凭叩击声就能知道桶内有多少酒，他便想到：人的胸腔和酒桶相似，如果用手敲一敲胸腔，是不是也能凭声音诊断出胸腔中积水的多少呢？就这样，“叩诊”的方法被发明出来了。

科学家勤于动脑、善于思考的处事方法让我们钦佩，我们在学习和生活中可以借鉴科学家的哪些思维方法呢？

首先，必不可少的是**发散思维**。发散思维指思维沿着许多不同的方向扩展，使观念发散到各个有关方面，最终产生多种可能的答案，因而容易产生有创见的新颖观念。发散思维为想象力和创新的源泉提供了流通的渠道。

有了发散思维，还需要**聚合思维**的配合。聚合思维指从已知信息中产生逻辑结论，从现成资料中寻求正确答案的一种有方向、有范围、有条理的收敛性思维方式。

其实，老师常说的“张开想象的翅膀”，或是我们常见的“一题多解”，都是发散思维的体现，而公式的证明过程、阅读理解分析、考试前夕的归纳总结，也正是聚合思维的“用武之地”。可见，学生学习新知识的过程，和科学家致力于新发现、新发明的过程，有着异曲同工之妙。说不定，今天认真学习的你们，明天就是某一领域的杰出科学家。一切皆有可能，必须从现在开始努力！

拓展

“明天小小科学家”是对青少年科技创新后备人才的选拔和培养的奖励活动。该活动通过考查学生的创新意识、研究能力和知识水平等综合素质，发现具有科学研究潜质的学生，并鼓励青少年投身于自然科学研究事业。

59 地球越变越“小”了吗

古人云：“读万卷书，行万里路。”古时候要用马车才能拉动的万卷竹简，其内容装进今天的一个小巧U盘还绰绰有余；舟车劳顿的万里行程，也因交通工具的不断进步而大大降低了难度。从这个角度来说，今天的地球显然变得越来越“小”了。

除了人自身的活动比古代方便千百倍，信息的传输效率更是发展惊人。互联网和电子设备的普及，使人类文明步入了一个新的时代。一只蝴蝶在南美洲亚马孙河流域热带雨林中扇动翅膀或许会使得克萨斯刮起龙卷风，但是得州人早在龙卷风到来之前便可以通过摄像头和无线传输看到这只扇动翅膀的蝴蝶了。

如今人人离不开的互联网（Internet），始于1969年的美国，当时是美军在阿帕网（ARPA）制定的协定下，首先应用于军事领域的。后来，美国西南部的加利福尼亚大学洛杉矶分校、斯坦福大学研究学院、加利福尼亚大学和犹他州大学的四台主要的计算机都与阿帕网联接起来，形成了互联网的雏形。

几十年的时间，互联网从无到有，再到无所不在，其发展的速度和程度都堪称奇迹。电子邮箱、即时通信、GPS导航、电子商务……这些技术的开发和应用，让每个个体都无限贴近世界，只要联上网络，点击鼠标，便可享受“坐拥世界”的便利。而这支鼠标，也可能是由美国技术授权，从巴西购买材料，运到日本制造，再运到中国装配而成的。地球正在变得越来越“小”，而你和我，都是其中与众不同的个体。让这个世界因我们而变得更好，绝不是一句空话，它已经是现在进行时，就在此刻！

知识链接

互联网（Internet）

互联网指由一些使用公共协议相互通信的计算机联接而成的全球网络。

60 科技革命如何推动大国崛起

从15世纪开始，得益于天文学的发展、指南针和造船技术的改进，航海学迅速发展起来。瓦斯科·达·伽马、克里斯托弗·哥伦布、斐迪南·麦哲伦等一些伟大航海家横空出世，在葡萄牙、西班牙两个国家的支持下，开启了“地理大发现”时代。新的航路使世界渐渐从封闭走向联通。这也为葡萄牙、西班牙两国带来了大量财富，使其国力飞速提升。

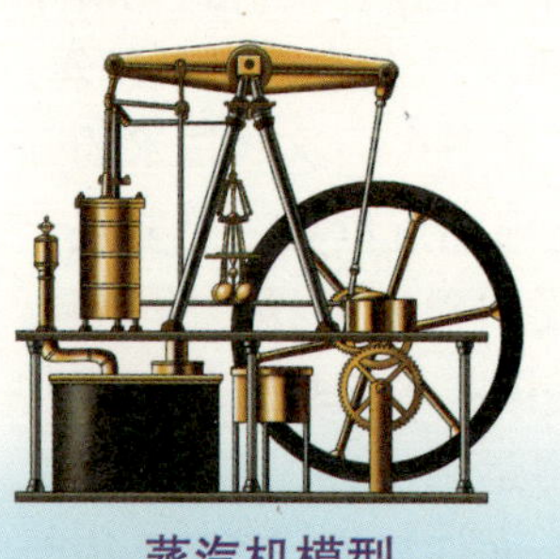
蒸汽机模型

18世纪60年代，以瓦特改良的蒸汽机为标志的第一次科技革命开启了用机器代替手工劳动的时代。经历了牛顿时代的英国，凭借这一契机迅速发展成为世界科学的中心。

知识链接

达·伽马

（1460—1524）

葡萄牙航海家，开拓了从欧洲绕好望角通往印度的航海路线。

哥伦布

（1451—1506）

意大利航海家、探险家。在西班牙女皇的支持下，先后四次出海远航，开辟了横渡大西洋到美洲的航路。

麦哲伦

（1480—1521）

葡萄牙人，为西班牙政府效力探险，在1519—1521年率领船队进行了首次环球航行。

法国、美国等国家，也都在第一次科技革命时期实现了工业上飞跃性的发展。

到 19 世纪 70 年代，第二次科技革命使人类进入电气时代，电灯、发电机、电话等都在这一时期问世。曾经名不见经传于 1871 年才完成统一的德国迅速崛起。现在知名的西门子电气、奔驰汽车等企业就出现在这一时期。

贝尔发明电话

第二次科技革命的大潮对日本的影响更为深远。在1867年“明治维新”之前，日本还是一个贫困衰弱的封建国家，通过学习内燃机、电信等技术，日本扶持了三井、三菱等工业集团，迅速走上了强国道路。

20世纪40—50年代，新科学技术革命——以原子能技术、空间技术、电子计算机技术和生物工程等为代表的第三次科技革命，再一次彻底改变了人类社会。在第三次科技革命中，美国迅速崛起，在空间探测、核能开发、计算机和互联网发展等领域，美国都保持着领军地位，这使它的经济实力和政治地位都有了极大的提升，并且至今仍在国际事务中处于主导地位。

第三次科技革命延续至今，智能手机、互联网等新技术每一天都在改变我们的生活，对生物技术和太空的探索也正在开启我们对生命的崭新认知。

纵观历史，科技的发展一次次成为大国崛起的驱动力量。中国也正紧紧把握着科技革命大潮的机遇，向着建设科技强国的目标迈进。

图书在版编目（CIP）数据

中学生科学素质提升行动 /《中国公民科学素质提升行动丛书》编写组编 . -- 北京 : 科学普及出版社，2023.7（2024.3 重印）

（中国公民科学素质提升行动丛书）

ISBN 978-7-110-10623-5

Ⅰ. ①中… Ⅱ. ①中… Ⅲ. ①中学生－科学－素质教育－中国 Ⅳ. ① G632.0

中国国家版本馆 CIP 数据核字（2023）第 113989 号

策划编辑 郑洪炜
责任编辑 郑洪炜 孙海婷
封面设计 中文天地
正文排版 中文天地
责任校对 张晓莉
责任印制 徐 飞

出 版 科学普及出版社
发 行 中国科学技术出版社有限公司发行部
地 址 北京市海淀区中关村南大街 16 号
邮 编 100081
发行电话 010-62173865
传 真 010-62173081
网 址 http://www.cspbooks.com.cn

开 本 787mm × 1092mm 1/32
字 数 94 千字
印 张 5
版 次 2023 年 7 月第 1 版
印 次 2024 年 3 月第 2 次印刷
印 刷 北京盛通印刷股份有限公司
书 号 ISBN 978-7-110-10623-5 / G · 4382
定 价 29.00 元
